SOLO L'AMORE RESTA

CHIARA AMIRANTE

SOLO L'AMORE RESTA

Nuovi Orizzonti nell'inferno della strada

Prefazione di
ANDREA BOCELLI

PIEMME incontri

ISBN 978-88-384-6825-4

I Edizione 2012

Anno 2012-2013-2014 - Edizione 1 2 3 4 5 6 7 8 9 10

Stampa: Mondadori Printing S.p.A. – Stabilimento NSM – Cles (Trento)

Prefazione

Quando ho conosciuto la protagonista di quest'avvincente storia di vita, mi ero persino dimenticato di aver sentito raccontare di lei da un amico, che me ne aveva parlato in toni entusiastici (forse fin troppo, per trovar credito e ottenere un posto sicuro nel forziere della memoria). Così, quando qualcuno mi sussurrò: «Vieni, che ti presento Chiara», impiegai qualche attimo a capire di chi mi stessero parlando e mi avviai quasi distrattamente, ignaro dell'esperienza che mi attendeva, verso un tavolino situato all'aperto, in mezzo a tanta gente che si trovava lì per sostenere un'iniziativa benefica. Presso quel tavolino era seduta una persona, giovane nell'aspetto e nella voce, che inaspettatamente raggiunse, con la soavità di un angelo, le corde più nascoste della mia sensibilità: «Piacere», mi disse Chiara, e mi tese la mano che a mia volta le strinsi con un calore di cui fui stupito io stesso.

Accostai una sedia alla sua e, come se ci conoscessimo da sempre, iniziammo a conversare. Nulla sapevo ma, inspiegabilmente, tutto volevo sapere di lei: della sua vita, dell'inverosimile avventura spirituale che attimo dopo attimo andava delineandosi nella mia mente disarmata, impreparata a quel racconto meraviglioso e sconvolgente.

Quando fu l'ora di pranzo, trovai naturale invitarla a casa mia, affinché quella storia dal sapore di fiaba non s'interrompesse.

Docilmente, quasi dolcemente, l'eroica fondatrice di «Nuovi Orizzonti» mi seguì e con una pazienza singolare continuò a rispondere alle mie domande, sempre più incalzanti, sempre più dirette e personali.

Intanto la narrazione di Chiara procedeva fluida, coerente, calma, gioiosa, come tra le pagine di questo libro: un testo che lascia interdetti, in bilico tra il sogno e la realtà; un sogno troppo bello per essere vero e una realtà che si offre in tutta la sua purezza e trasparenza, tanto desiderabile e coinvolgente, da sembrare un sogno.

Proprio così: Chiara raccontava e nuovi orizzonti si aprivano al mio cuore, alla mia mente, al mio futuro, al futuro dei miei cari. Anzi, al futuro di tutti, o almeno di tutti coloro che avranno la fortuna di conoscere il cammino di questa donna intrepida e la volontà di unirsi a lei, come tante piccole gocce che, tutte assieme formino un mare azzurro e incontaminato nel quale, (come mirabilmente ebbe a suggerire un giorno Madre Teresa di Calcutta), il buon Dio sia lieto di specchiarsi.

Le pagine che ci attendono, sono di quelle che realmente possono operare una svolta nella nostra vita, ma noi non temiamo per questo, anzi, lasciamo che il messaggio sorprendente in esse contenuto trasformi la nostra inquietudine in tranquillità, le nostre amarezze in gioia, i nostri dubbi in certezze. Lasciamo che la gioia, che sempre accompagna Chiara, contagi irreversibilmente anche le nostre anime, le nostre coscienze e porti luce ovunque noi siamo.

Chiara ci racconta la sua storia, senza pudori, senza reticenze, affinché ciascuno di noi trovi la forza di compiere, una volta per tutte, una coraggiosissima scelta di campo, in favore della luce, della verità. Di quella verità che è vita, di quella vita che già su questa Terra può regalarci uno squarcio di Paradiso.

Potrà sembrare inverosimile, il fatto è che per tutta quella giornata non mollai la mia preda: la interrogai come fa un magistrato scrupoloso; volli conoscere ogni più piccolo dettaglio di una straordinaria vicenda umana che mi era dato di poter toccare con mano, la cui sconvolgente realtà io non potevo ormai più ignorare.

Si era fatta sera e insistetti affinché la mia ospite si trattenesse anche per cena.

Ci raggiunsero alcuni suoi amici e collaboratori, ed è difficile, anzi, impossibile, spiegare a parole il clima di gioia, di festa, di serenità, che senza apparenti ragioni s'instaurò attorno a quel tavolo. Si conversava, ci si sentiva vicini; e dire che quasi non ci si conosceva.

Ricordo con una certa emozione che, al termine della cena, uno dei miei familiari mi venne vicino e quasi timidamente mi disse: «Così felici non siamo mai stati a questa tavola; non è parso anche a te?». E io dovetti convenire con lui che era vero.

Chiara, la fondatrice di «Nuovi Orizzonti» era giunta tra noi, a ciascuno di noi schiudendo nuovi orizzonti.

La storia della sua vita, come un appassionante romanzo, del più geniale tra gli scrittori, aveva gettato nuovi e importanti semi nell'animo di tutti coloro che avevano voluto assistere e partecipare emotivamente al racconto.

La vita di Chiara è un grande dono, un dono i cui benefici effetti non si fanno attendere e queste pagine, che per certi versi ricordano quelle di santa Teresa d'Avila, intitolate *Storia della mia vita*, sono la testimonianza diretta di quali imprese, di quali miracoli possa essere capace un essere umano che, spontaneamente, gioiosamente e senza indugi, decida di farsi strumento nelle mani di Dio, che è sommo bene.

Andrea Bocelli

Prologo

Tutto passa, solo l'amore resta! Questo pensiero così semplice si è impresso sempre più in profondità nel mio cuore molti anni fa. I medici erano stati chiari: la rarissima malattia che mi stava progressivamente togliendo la vista non mi avrebbe lasciato scampo. Di lì a poco – mi dicevano – sarei diventata cieca. Si trattava di una malattia incurabile che mi causava continui dolori lancinanti in tutto il corpo e nessun antidolorifico sembrava in grado di calmarli. Eppure, nonostante questa situazione fosse umanamente insostenibile, dentro di me provavo una profonda pace. Più il mondo si nascondeva ai miei occhi e più sentivo il bisogno urgente di andargli incontro e di condividere con gli altri, soprattutto con i più disperati, la folgorante scoperta che la gioia piena che Cristo ci dona è possibile anche nelle situazioni più drammatiche che la vita ci riserva.

Un sogno sconcertante abitava già da tempo le mie notti.

Mi trovavo in un luogo aspro, circondato da montagne ed ero inseguita da creature mostruose, dall'aspetto diabolico. Mi mettevo a correre verso la vetta di una montagna, cercando di fuggire le loro minacce ma, arrivata in cima, capivo che ogni via di fuga era impedita. Guardavo verso il basso, con il terrore di precipitare dalla vetta, e vedevo che nel fondo della vallata c'era un popolo di disperati che urlava e alzava le mani verso di me, come se mi chiedessero aiuto. Ero combattuta fra il desiderio di aiutare i miei fratelli e il timore di inabissarmi in quel baratro. Avevo paura che, se fossi scesa in quella vallata, sarei morta.

Allora non sapevo dare un nome a questo incubo, non riuscivo a interpretarne il significato. In seguito, quando ho iniziato ad andare in strada di notte, mi sono tornate in mente quelle immagini e ho avuto la sensazione fisica del *déjà-vu*. Ho rivisto, nella terribile realtà che mi circondava, volti simili a quelli del sogno e ho cominciato a cercare di rispondere al loro grido di dolore. Ho ripensato alla mia storia e a come il Signore mi aveva accompagnata lungo le impervie strade che, al di là di ogni mia aspettativa, mi hanno condotta in mezzo a quello che io definisco il "popolo della notte".

Ogni incontro era un inferno che si apriva, un baratro nel quale entrare in punta di piedi, ma anche la contemplazione di qualcosa di bello che avveniva: fosse solo il riaccendersi della speranza, il desiderio di voler riscoprire la possibilità di una vita in pienezza.

«Se osserverete i miei comandamenti rimarrete nel mio amore... Questo vi ho detto perché la mia gioia sia in voi e la vostra gioia sia piena» (*Giovanni* 15, 10-11). Ecco, in queste parole del Vangelo di Giovanni il mio cuore ha trovato una risposta fondamentale e proprio da qui ha preso avvio la mia avventura. Che ormai non è più solo mia, ma delle migliaia di amici e fratelli che giorno dopo giorno, in un rapporto di condivisione profonda, hanno deciso di camminare insieme a me verso quei nuovi meravigliosi orizzonti che l'amore sempre ci dischiude.

1

Voglio vivere per qualcosa di grande

Sono nata in una famiglia meravigliosa e non mi stancherò mai di esprimere la mia gratitudine per questa grazia. I miei genitori, al momento del matrimonio, erano ambedue credenti, ma non partecipavano molto alla vita della Chiesa. Poi hanno incontrato Chiara Lubich e il movimento dei Focolari da lei fondato, hanno vissuto una forte esperienza di conversione e si sono lanciati in un'avventura che li ha portati a rinnovare la loro vita, mettendo Dio al centro e impegnandosi a vivere con radicalità l'esperienza del Vangelo.

Ho avuto l'ulteriore grazia di essere concepita nel tempo in cui loro stavano sperimentando intensamente questo amore di Dio, tanto che, appena hanno saputo che c'ero anch'io, la prima cosa che hanno desiderato fare è stata la mia consacrazione alla Madonna e al suo Cuore immacolato. A quell'epoca vivevano a Roma, nei pressi della stazione Termini, e mia madre andava a Messa tutti i giorni a Santa Maria Maggiore. Così ho cominciato a nutrirmi quotidianamente dell'Eucaristia, quando ancora ero nella pancia di mamma.

Sono nata il 20 luglio 1966 e della primissima infanzia ricordo un'atmosfera molto bella, un costante riferimento al vivere il «dove sono due o tre riuniti nel mio nome, io sono in mezzo a loro» (*Matteo* 18, 20), che fa intensamente parte della spiritualità del movimento dei Focolari. In tal modo percepivo concretamente quanto fosse forte la comunione non soltanto fra i miei genitori, ma anche con i membri della comunità che frequentavano, tutti uniti da «Gesù in mezzo».

A motivo del lavoro di mio padre abbiamo cambiato diverse volte città, da Roma ad Alessandria, quindi a Ferrara, poi a Cagliari, ad Ancona, a Brindisi e nuovamente a Roma. Ma questa serie di trasferimenti, piuttosto che un trauma, si è rivelata per me un'esperienza molto arricchente poiché, dovunque arrivassimo, trovavamo questa famiglia più ampia di persone accomunate dal Vangelo. Non mi sentivo per nulla trapiantata da un luogo all'altro, anzi avevo sempre la sensazione di trovarmi a casa, come ho cercato di esprimere nella poesia *La mia casa è il mondo.*

La mia casa è il mondo,
la mia terra è il cielo,
la mia patria il cuore di ogni uomo.
E ogni persona che incontro, lì il mio tesoro;
nell'oscurità delle tenebre, lì la mia luce;
nello strazio dell'umanità sofferente che grida,
lì il mio cuore.

Sin da piccolina ho cominciato a frequentare le Mariapoli, gli incontri di una settimana, organizzati dal movimento dei Focolari per famiglie e persone di tutte le età, nei quali ci si impegna ad approfondire alcuni aspetti del Vangelo. Mariapoli vuol dire «città di Maria» e in quei giorni vissuti comunitariamente c'era da parte di tutti l'intenso impegno a vivere la legge dell'amore scambievole. Anche io sperimentavo una gioia particolarissima e mi sembrava realmente di toccare il cielo con un dito.

Da queste prime esperienze ha tratto origine la familiarità con Gesù che ha sempre caratterizzato il mio modo di vivere la fede. Tutto ciò che mi accadeva lo affidavo a Gesù, ne parlavo con lui, gli chiedevo suggerimenti su cosa fare.

Durante l'infanzia ho anche avuto il grande dono di trascorrere molto tempo immersa nella natura, sia in campagna, sia al mare e in montagna. Ho potuto sentirmi molto spesso incantata da paesaggi meravigliosi, e ogni volta che percepivo la bellezza del creato pensavo: "Se un tramonto è così bello, pensa che cosa deve essere Dio che l'ha creato! Se attraverso il canto degli uccelli percepisco un concerto così meraviglioso, come potrà essere il concerto del paradiso, il concerto dell'Amore degli amori? Se guardando le vette delle montagne resto senza fiato, che mai potrà essere la maestosità della bellezza di Dio? Che cosa accadrà quando potrò vederlo faccia a faccia?". Trascorrevo tanti momenti rapita dall'idea dell'amore pazzesco di Dio, della sua sfolgorante bellezza e della verità che è Dio, di cui noi possiamo percepire unicamente piccoli sprazzi di luce.

Già a cinque anni si facevano però strada in me le prime domande esistenziali. Confrontavo l'amore che sperimentavo in casa e in comunità con quanto ascoltavo alla televisione o comprendevo dai discorsi dei miei genitori e mi accadeva di vivere momenti di grandissima sofferenza nel toccare con mano il dramma del dolore, della morte, del non amore che spesso c'è fra gli uomini. Sentivo dentro di me un forte travaglio: se Dio è amore – mi chiedevo – come è possibile che nel mondo ci sia tutta questa sofferenza? Se Dio è amore, com'è possibile la morte, come è possibile che ci siano bambini innocenti che vengono uccisi o che soffrono, come è possibile che siano permesse tante ingiustizie? Interrogativi sempre più pressanti che diventavano materia di dialogo durante i pasti, soprattutto con mio papà che era anche lui un cuore sempre in ricerca.

Ci mettevamo a riflettere sui massimi sistemi, sulle grandi questioni dell'esistenza. Ricordo con immensa gratitudine che mamma e papà, di fronte ai miei inquietanti interrogativi, non mi fornivano mai risposte consolatorie per mettermi quieta. A ogni mio «perché?» corrispondeva un ulteriore «perché?» di mio padre, che mi seguiva particolarmente in questo mio percorso di ricerca. Anche mia mamma partecipava con i suoi contributi sempre caratterizzati da una grande sapienza. Era molto stimolante camminare nella continua ricerca della verità, che cercavamo insieme nella Sacra Scrittura, soprattutto nel Vangelo, inteso non semplicemente come un interessante racconto, ma come un testo da approfondire vivendolo.

Le risposte che mi diedi furono comunque convincenti, poiché l'esperienza dell'amore di Dio era estremamente più forte di qualunque dubbio sul suo amore. Per me non si trattava tanto di giungere a comprendere con la mente, facendo tanti discorsi con i miei genitori, quanto di accorgermi che, di fronte a quella esperienza concreta, tutto il resto si scioglieva come neve al sole. Se fai l'esperienza della luce e del calore del sole non puoi dubitare della sua esistenza e così è stato per me con Dio: io mi sentivo avvolta dall'amore di Dio, facevo l'esperienza nell'anima della sua luce e del suo calore, e questo era più forte di ogni dubbio che bussava con prepotenza alle porte della mia mente.

Gradualmente ho anche compreso, alla luce della Sacra Scrittura, che un Dio che è amore non può che crearci liberi, al punto da consentirci di modificare il suo progetto, nel quale all'origine non erano previste né la morte né il dolore: «Dio ha creato l'uomo per l'immortalità; lo fece a immagine della propria natura. Ma la morte è entrata nel mondo per invidia del diavolo» (*Sapienza* 2,23-24).

Ho così iniziato a fare i conti con il mistero dell'onnipotenza di Dio che, essendo amore, si ferma dinanzi alla libertà delle creature che possono sempre scegliere fra il bene e il male. Ho iniziato a comprendere la responsabilità di questo dono immenso della libertà che ci è stata data e come da ogni nostra scelta possano scaturire dolore e sofferenza per la nostra vita e per quella di tanti. Ho compreso, da quanto afferma la Sacra Scrittura, che il dolore e la morte non erano nel progetto di Dio sull'umanità ma sono entrati nel mondo per l'uso sbagliato della libertà da parte innanzitutto di Lucifero e degli angeli che lo hanno seguito e poi da ogni scelta di male che, in ogni istante, gli esseri umani possono fare.

Sono diventata consapevole del fatto che c'è anche la possibilità di non rispondere all'amore di Dio. Ma questa nostra possibilità di dire «no» all'amore di Dio, associato al «no» di Lucifero che si oppose al progetto d'amore di Dio sull'umanità, può generare una "morte spirituale" nell'anima e porta a sperimentare gli inferi già su questa terra. Lo spiega bene san Paolo: «Il salario del peccato è la morte» (*Romani* 6, 23).

Tutto ciò mi suscitava un senso di responsabilità dinanzi al mistero della libertà. Mi sentivo chiamata a rispondere in prima persona all'amore di Dio e a fare esperienza di quella pienezza di gioia alla quale lui ci ha chiamati. Iniziai a comprendere che la tragedia umana aveva avuto inizio a causa del rifiuto espresso da una creatura che sin dal nome aveva insita una prospettiva luminosa (Lucifero vuol dire infatti «portatore di luce»), ma che aveva scelto di porsi in totale opposizione al Creatore. Dio è luce, Lucifero è tenebra; Dio è verità, Lucifero il padre della menzogna; Dio è comunione, Lucifero è il divisore; Dio è vita, Lucifero porta la morte.

Sin da bambina avevo interiorizzato che ogni mio piccolo «no» all'Amore di Dio, ogni minima non corrispondenza ai suggerimenti del Signore poteva produrre frutti di sofferenza nella vita mia e degli altri. Ricordo ancora la prima bugia che mi capitò di dire per gioco a mia madre, a imitazione di un'amichetta che spesso diceva bugie. Avevo cinque anni e la mamma si è accorta subito che si trattava di una bugia. Ha fermato la macchina, mi ha guardato con serietà e mi ha dato un piccolo schiaffo con uno sguardo molto serio. Mai più ho detto bugie, poiché quello schiaffo mi ha fatto prendere la radicale consapevolezza dell'importanza di essere sempre onesti e corretti con tutti.

Mia mamma mi ha sempre guidato con grande affetto, amore, verità, sapienza ed è stata una figura luminosissima a cui guardare.

Mia madre mi aiutò, giorno dopo giorno, a comprendere il significato del peccato, che non è semplicemente il compimento di un'azione cattiva, quanto la scelta di chiuderci all'Amore di Dio, e acquisii la coscienza che tutto ci è lecito, ma non tutto ci giova (come dice san Paolo nella Prima Lettera ai Corinzi 6, 12). In quel tempo abitavamo a Cagliari e le mie giornate erano caratterizzate da tanti amici, giochi, serenità e l'estate andavamo tutti i giorni al mare. Eravamo tre fratelli (il quarto, Carlo, non l'ho mai conosciuto poiché era già salito al cielo dopo pochi mesi di vita a causa di una malformazione congenita al cuore): Marco, Luca e io, che ero considerata la piccolina di casa.

Mio padre Silvano era un dirigente dell'Automobile Club e lo stress professionale, dovuto a ritmi molto intensi di lavoro, gli provocò un forte esaurimento nervoso che, fra alti e bassi, lo ha perseguitato per tutta la vita. Anche la spensieratezza della nostra infanzia venne messa alla prova da questa croce. Mia madre Maria Teresa – tutti però l'hanno sempre chiamata *Mietta* – aveva invece studiato Giurisprudenza poiché desiderava seguire le orme del papà (che era stato primo presidente della Corte di appello) ma poi aveva scelto di accantonare il lavoro per dedicarsi completamente a noi tre figli.

A cinque anni cominciò a farsi prepotente in me il desiderio di poter vivere più in profondità la Messa, ricevendo il dono immenso dell'Eucaristia. Con la semplicità di una bimba, percepivo che mediante quell'ostia consacrata si rendeva possibile una comunione particolarissima con il Signore, per quanto tutto ciò fosse incomprensibile alla mia mente.

Quindi ho iniziato a non dare pace ai miei genitori,

insistendo che anch'io volevo fare la comunione. Sentivo proprio come un innamoramento nei confronti di Gesù, per cui per me non c'era niente di più bello che poter ricevere Gesù nel mio cuore. Devo averli talmente martirizzati che alla fine hanno deciso di chiedere a un sacerdote focolarino di svolgere qualche incontro di verifica per capire quanto questo desiderio fosse un entusiasmo infantile o un vero impeto interiore. Il sacerdote, dopo alcuni colloqui con me, disse che potevo ricevere subito la prima comunione e questa fu per me una notizia meravigliosa.

Proprio durante una Mariapoli a Cagliari, alla presenza di un migliaio di persone, si svolse questa grande festa nella quale io e mio fratello Luca, più grande di un anno e mezzo (mentre Marco ha cinque anni più di me), abbiamo fatto la prima comunione. Fu un giorno straordinario, in cui acquisii una più profonda consapevolezza che Gesù, che in tanti modi avevo già sentito vicino e che riempiva con il suo tangibile amore le mie giornate, mi amava così pazzamente da decidere di prendere dimora nel mio piccolo cuore. Quando presi l'ostia mi sembrò davvero di toccare il cielo con un dito, di essere stata catapultata in paradiso e che tutto il cielo si riversasse in qualche modo nella mia anima. Dentro di me avevo la concreta percezione dell'Eucaristia come una porta che unisce terra e cielo, la nostra piccolezza con l'infinità di Dio, il tempo che siamo chiamati a vivere qui con la pienezza dell'eternità.

Quando avevo sei anni ci siamo trasferiti ad Ancona, dove siamo rimasti per due anni. Quindi siamo stati per altri quattro anni a Brindisi, prima del rientro definitivo a Roma. Nonostante mi legassi alle nuove amicizie, poiché ero un tipo molto socievole, incredibilmente non sentivo lo strappo dei trasferimenti grazie alle comunità del movimento dei Focolari che mi consentivano di ritrovare ovunque lo spirito di famiglia. Ero molto vivace, mi piaceva ogni tipo di sport e quindi mi mettevo a giocare subito con tutti e facevo rapidamente nuove amicizie.

Ad Ancona c'era una vivace comunità del movimento dei Focolari e con molti ho sperimentato una comunione bellissima. I focolarini e le focolarine venivano spesso a casa nostra, ci incontravamo tutti i giorni a Messa e rappresentavano un grande aiuto nel mio percorso spirituale fatto non tanto di catechesi, ma piuttosto caratterizzato dall'impegno nel cercare di incarnare nella vita di ogni giorno l'esempio di Maria e di Giuseppe a Nazareth e la loro gioia, frutto di una forte coerenza nel vivere quanto suggerisce il Vangelo nella semplicità quotidiana delle piccole cose. Ero davvero affascinata dai focolarini che vivono pienamente nel mondo e nel contempo consacrano tutta la loro vita a Dio.

La mia formazione non è stata teorica, ma pratica: meditavamo il Vangelo cercando ogni mese di concentrarci a vivere una specifica frase proposta e commentata da Chiara Lubich: la *Parola di Vita*. Fin da bambina mia mamma mi parlava delle vite dei santi e mi colpiva vedere come queste persone avessero lasciato qualsiasi cosa per raggiungere la comunione con Dio. Di qui l'intima certezza che, se volevo dare un senso alla mia esistenza, non c'era niente di più grande e di più bello che puntare alla piena e perfetta comunione con colui che è l'Amore, cioè vivere l'anelito alla santità.

Avevo letto con entusiasmo le storie di martiri come

Tarcisio, morto nel III secolo per difendere l'Eucaristia. E l'idea di questi primi cristiani che avevano dato la vita per Gesù mi aveva suscitato il desiderio di aspirare anch'io al martirio: pensavo che poter dare la vita per colui che è l'Amore, morire martiri e così poter andare direttamente in paradiso, fosse una cosa bellissima.

I santi che più mi affascinavano erano: l'apostolo Giovanni, il discepolo che teneva il capo sul cuore di Gesù per mostrargli tutto il suo affetto; Francesco d'Assisi per la sua radicalità, la sua follia d'amore; san Paolo per il suo sacro zelo per l'evangelizzazione; Teresina di Lisieux per la semplicità della "piccola via", il suo vivere nelle piccole cose l'amore a Gesù. In seguito ho conosciuto meglio anche Giovanni Bosco e Teresa d'Avila, della quale mia madre mi suggerì prima la sua autobiografia e poi *Il castello interiore*. Mi ha davvero conquistata la grandezza di questa donna, l'eroicità del suo cammino di ascesi mistica nella preghiera. Di don Bosco mi affascinava la sua divina pazzia nell'inventarsele tutte per fare conoscere l'amore di Dio ai ragazzi, soprattutto a quelli più emarginati e sofferenti. Da loro ho imparato una cosa che per me è essenziale: ho una vita sola e non posso sprecarla, voglio viverla per qualcosa di grande, per qualcosa che non passa: soltanto Dio non passa, solo l'amore resta.

2

Dio è Amore e ci ama immensamente

Insieme con i santi del passato, c'era una personalità vivente che mi affascinava in modo entusiasmante: Chiara Lubich, una donna che, per essersi fidata di Dio, aveva suscitato un'incredibile cambiamento nella vita di centinaia di migliaia di persone. Sin da piccolina i miei genitori mi raccontavano di lei, di quello che diceva, delle cose che faceva.

Il mio primo incontro personale con lei, che ha segnato una tappa fondamentale della mia vita, è avvenuto nel novembre del 1977, durante un congresso "Gen 3" – così sono chiamati i ragazzi appartenenti al movimento dei Focolari – a Rocca di Papa, dove Chiara venne a rispondere alle nostre domande. Una Gen 3 le aveva chiesto di rivelarci quale fosse il suo segreto. Un interrogativo che mi aveva molto incuriosita. Avevo subito pensato: "Chissà adesso quale cosa straordinaria ci dirà...".

Come sperimenterò anche in seguito, in tante altre occasioni, Chiara ci sorprese con la sua capacità di rendere alla portata di chiunque i misteri più incomprensibili. Iniziò a parlarci di Gesù abbandonato, un mistero che tuttora non riesco a comprendere bene poiché mi sembra troppo alto e troppo grande. In quel momento però, tali erano la forza del suo carisma e la presenza dello Spirito Santo, mi apparve tutto chiarissimo. Poche e scarne parole, le sue: «Il mio segreto è l'amore a Gesù abbandonato. Ho scoperto che in ogni croce, in ogni dolore c'è la presenza misteriosa di Gesù che ha preso su di sé per amore ogni nostra sofferenza. Perciò, ogni volta che arriva un dolore, faccio festa perché è arrivato anche Gesù».

Questa sua condivisione che ogni sofferenza non è soltanto una prova alla quale veniamo sottoposti, ma anche un possibile "incontro" con Gesù Crocifisso, fu per me una rivelazione. Quanto espresso nella prima lettera di Giovanni – «Da questo abbiamo conosciuto l'amore: egli ha dato la sua vita per noi» (3, 16) – ha acquistato una luce nuova e mi è parsa una scoperta incredibile. In quell'attimo mi sono sentita raggiunta da un dardo infuocato, al pensiero che Gesù ha dato la sua vita per me. Ho compreso con una luce nuova che Dio non soltanto è amore, ma addirittura mi aveva amata personalmente fino al punto di donare la sua vita per me, di prendere su di sé ogni mio grido, ogni mia lacrima, ogni mia angoscia, ogni mia tenebra, ogni mia ferita e, con il suo immenso amore, aveva trasfigurato tutto ciò.

E allora, immediato, un nuovo desiderio prepotente nel mio cuore: se Dio mi ha amata così pazzamente da dare la sua vita per me, io non posso non spendere tutta la mia esistenza per rispondere a questo amore; voglio donargli la mia vita, pienamente e totalmente. Alla fine della sua conversazione, Chiara Lubich ci lanciò una sfida: «Alzi la mano chi ci sta a fare di Gesù abbandonato il tutto della sua vita». Il mio «sì, ci sto!»

di quel momento non è stato un impeto di entusiasmo, ma una scelta seria e convinta di donarmi totalmente a Dio. Addirittura ho alzato ambedue le mani e poi, durante la Messa, ho provato il fortissimo desiderio di consacrare subito tutta la mia vita a Dio.

Avevo soltanto undici anni, ma sentivo che non c'era tempo da perdere. Non potevo aspettare quando sarei stata grande per consacrarmi a lui, dovevo rispondere immediatamente al suo amore. La mia promessa fu esplicita: «Gesù, voglio donarti tutta la mia vita e voglio sceglierti come mio tutto. Adesso, subito. Voglio vivere cercandoti in tutte le persone che soffrono, in tutte le situazioni dolorose, provando ad amarti con tutto il mio cuore e non permettendo che vada sprecato quell'amore che è costato il tuo sangue».

Al termine di quell'incontro sono corsa verso Chiara, l'ho ringraziata e abbracciata con grandissima gratitudine. L'ho fatto con molta discrezione poiché avevo la consapevolezza di quanto lei fosse continuamente assalita da tutti, nonostante la sua salute precaria. Non ho avuto molte occasioni di incontrarla personalmente anche se le scrivevo spesso. Diversi anni più tardi, ho avuto un lungo colloquio con lei per verificare la mia chiamata a Nuovi Orizzonti.

Da quella esperienza di "Pentecoste" ha avuto inizio il mio amore per l'evangelizzazione, in quanto ho sentito forte nel cuore il desiderio e la responsabilità di portare a chiunque il dono della gioia, della risurrezione, della pace che scaturiscono dall'esperienza dell'amore di Dio. Sino a quel momento ero comunque molto presa da Dio, però era più una cosa personale e intima, che non condividevo con i miei amici, ma soltanto con i Gen con i quali facevo gli incontri di spiritualità. Al rientro a Brindisi avevo dentro un fuoco incontenibile, per cui non potei fare a meno di gridare a tutti che avevo trovato la risposta a ciò che il mio cuore cercava.

Con la semplicità di una bambina, ho cercato di coinvolgere i miei amichetti nel provare insieme a meditare e a vivere il Vangelo. In precedenza mi sentivo ancora condizionata dalla paura dei giudizi e delle critiche, per cui evitavo di dire che andavo a Messa poiché temevo di venire presa in giro. Dopo quel congresso di Gen 3 non mi importava più di quello che avrebbero pensato di me gli altri, perché avevo trovato la verità che rende liberi, avevo sperimentato una gioia, una pienezza che non si possono spiegare a parole e desideravo condividerle con tutti. È stata una scoperta bellissima sperimentare che Gesù dona non soltanto il fuoco e la pace, ma anche una libertà nuova nelle relazioni con gli altri. La maggior parte dei miei amici rimasero affascinati dalle cose che raccontai e accettarono la mia proposta di iniziare a fare insieme degli incontri nei quali mettevamo al centro la Parola di Dio e cercavamo di aiutarci a vivere il Vangelo, condividendo poi le nostre semplici esperienze e i frutti che da esse erano derivati.

Il Vangelo era per me sempre tutto da scoprire e cercai di mettere molto più impegno su diversi fronti. Se c'era da fare qualche servizio a casa provavo a farlo con amore, senza farmi notare dagli altri per esercitarmi nella gratuità. Ero più attenta verso i ragazzi con maggiori difficoltà e se qualcuno veniva escluso da qualche gioco, perché considerato troppo debole, cercavo di fare di tutto affinché fosse coinvolto... anche se vincere non mi dispiaceva affatto. Se qualcuno faceva qualcosa che mi feriva, cercavo di perdonarlo subito, senza serbare nessun tipo di rancore, sperimentando così la pace che fiorisce dal perdono. Ce la mettevo tutta perché non si creassero divisioni né tra i miei fratelli né tra gli amici e se qualcuno litigava era per me un imperativo fare la mia parte per ristabilire la pace tra tutti. Quando poi arrivava qualche sofferenza, cercavo di mettere in pratica quanto ci aveva suggerito Chiara: fare festa a Gesù crocifisso offrendo ogni dolore a Dio. Più provavo a vivere il Vangelo e più sperimentavo una pace, una libertà interiore, una gioia sempre più profonde.

A Brindisi frequentavo già le medie, dato che avevo cominciato la scuola a cinque anni con la "primina". Poi praticavo lo sport del *taekwondo*, che mi piaceva molto, e di pomeriggio ero sempre a giocare in giardino. Giocavo anche a pallone con i miei fratelli e tanti amici. Facevano tutti il tifo per me perché ero l'unica ragazza brava nel gioco del calcio.

Ero una bambina decisamente vivace e andavo d'accordo con tutti. Era molto difficile che mi arrabbiassi ma le poche volte che mi succedeva... era meglio evitarmi! Ricordo in particolare due volte in cui mi sono arrabbiata. Un giorno mi trovavo nella vigna di fronte a casa nostra insieme con Marco e Luca e altri amici. Giocavamo ad arrampicarci sugli alberi e nei dintorni c'erano alcuni figli dei cosiddetti "baraccati", i senzatetto che vivevano nelle baracche alla periferia di Brindisi. Uno di questi ragazzini, per far colpo su di me, si mise a fare il bullo proprio con Marco (non sapeva che era mio fratello). Lo fece cascare a terra e poi cominciò a spintonare anche Luca, che era subito intervenuto in sua difesa. Io ero seduta su un ramo e a un certo punto vidi che quel ragazzino stava per colpire fisicamente anche Luca. Mi è andato il sangue al cervello e da quell'albero gli sono saltata letteralmente addosso, l'ho steso, gli ho preso la testa e gliel'ho sbattuta più volte contro la terra. A un certo punto mi sono fermata, rendendomi conto che stavo esagerando, però è stata davvero una scena comicissima con questo bulletto che davanti a tutti i suoi amici si era ritrovato a terra in balìa di una bambina fuori dalla grazia di Dio!

Un'altra volta stavo giocando a tennis con Luca. Lui aveva perso e si era un po' inalberato, mi aveva anche insultata e io c'ero rimasta male poiché andavamo sempre d'accordo. Così sono sbottata: «Allora tu sei un ciccione». Lui effettivamente aveva appena un po' di pancetta in più a quel tempo, per cui l'ho toccato su un punto debole... e stava finendo a pietrate. Mi ricordo che mi sono ritrovata con un bel sasso in mano e stavo per lanciarglielo, quando mi sono resa conto del rischio di fargli veramente male e mi sono subito allontanata da lui per smaltire l'arrabbiatura senza troppi danni. In quelle due circostanze ho capito che il mio carattere peperino, se non veniva un po' domato, poteva portarmi a fare davvero qualche stupidaggine.

In seguito ci fu un altro incontro con Chiara, nel quale ci parlò della santità e disse una cosa molto bella: «Gli uomini hanno tanti modi di spendere la vita. I santi hanno compreso che Dio solo non passa, si sono lasciati rivestire dalla luce divina e non hanno scelto i loro piccoli progetti, ma si sono abbandonati alla sua volontà per realizzare il suo grande progetto». Come in un flash, mi resi conto della possibilità di scegliere in ogni momento fra la volontà di Dio e la volontà dell'"io". Capii che Dio, nel suo immenso amore, ha un disegno su ciascuno di noi: se rispondiamo positivamente, la nostra vita non finisce nel buio, ma resta come una scia luminosa nel firmamento dell'eternità; se invece ci accontentiamo dei nostri piccoli progetti possiamo anche fare cose molto belle, però è come se la nostra vita non si fosse realizzata in pieno.

Il motto che lei ci lanciò, «Sarai santo se sei santo subito», si è impresso con forza nel mio cuore. Mi era chiaro che la mia risposta a Gesù sarebbe stata tanto più piena quanto più io avessi cercato nella quotidianità di puntare alla santità, come ringraziamento per il suo amore dal quale mi sentivo sempre più abbracciata e travolta. Cosicché in quel periodo, sia nel giocare, sia nello studiare, sia nelle faccende di casa, sentivo di poter fare sempre un piccolo regalo a Gesù. Perciò facevo ogni cosa con amore, ripetendo: «Per te, Gesù», così come Chiara Lubich ci aveva suggerito. Magari non avevo voglia di studiare, ma lo facevo ugualmente dicendo: «Lo faccio per te, Gesù». Non mi andava di ascoltare una persona e invece restavo lì con amore ripetendo: «Per te, Gesù». E così via. Più cercavo di vivere ogni momento nell'amore e più provavo una pienezza incredibile di vita, di entusiasmo, di gioia, e sentivo crescere in me questo fuoco e desideravo coinvolgere tanti altri.

Anche per questo motivo il passaggio da Brindisi a Roma, all'età di dodici anni, fu quello un po' più doloroso rispetto ai precedenti. Sentivo come una responsabilità spirituale nei confronti dei miei amici con cui provavamo a vivere il Vangelo, perché in qualche modo ero il loro punto di riferimento. Mi sembrava quasi di abbandonare dei "figlioletti", per quanto fossi piccolina anch'io come loro. Però c'era nel mio cuore una fiducia di fondo: hanno scelto Gesù e dunque continueranno a seguire lui, sarà lui a prendersi cura di loro.

3

Negli anni del liceo l'incontro con la morte

A Roma la mia famiglia aveva una casa a Montesacro, nella zona nord-est della città, e la prima comitiva di amici l'ho avuta in piazza Sempione. Nell'autunno del 1979 ho iniziato il liceo scientifico al Nomentano, in via della Bufalotta, e mi sono trovata in un clima surriscaldato dagli scontri ideologici, e anche fisici, fra gli opposti estremismi. Ricordo nel febbraio del 1980 il dramma di Valerio Verbano, un diciannovenne di sinistra ucciso da altri giovani di destra: questo omicidio fu come l'apice di un sommovimento che interrogava e coinvolgeva in qualche modo tutti noi studenti.

Anch'io percepivo l'esigenza di un impegno sociopolitico, per collaborare a un vero rinnovamento della società. Ma ero convinta che la più grande rivoluzione sociale che si potesse pensare non era quella proposta dai gruppi estremisti, bensì quella portata da Gesù Cristo con gli ideali del Vangelo. In quel clima si è dunque radicata dentro di me la convinzione di impegnarmi per la rivoluzione dell'amore cristiano.

Con i giovani del movimento Gen cercavamo di impegnarci a vari livelli in iniziative a sostegno di persone in difficoltà. Ogni occasione era buona per inventarci qualcosa che potesse contribuire a risolvere una determinata situazione. Vivevo ogni cosa con grande entusiasmo e profonda passione e più cercavo di impegnarmi per gli altri, più sentivo crescere la gioia nel mio cuore. Una gioia piena, profonda, incontenibile. Volevo portarla, gridarla a tutti. Il mio desiderio principale era fare conoscere a più persone possibili l'Amore di Dio. Ogni occasione per me era buona per condividere la grande scoperta della mia vita: Cristo è la via per la pienezza della pace, della gioia, dell'amore, della libertà. Molti dei miei amici erano lontani dalla fede ma mi volevano bene, mi stimavano poiché erano affascinati dal mio entusiasmo contagioso e spesso e volentieri mi venivano dietro nelle continue iniziative che proponevo loro, fino poi a condividere con me gli stessi ideali.

Dopo pochi mesi che ero arrivata a Roma, Rinata, la focolarina responsabile di zona delle Gen 3 mi ha messo nell'«Unità arcobaleno», il gruppo che coordina il movimento Gen 3 di Lazio, Abruzzo e Sardegna. Era un osservatorio privilegiato sulla realtà giovanile, poiché si seguivano le iniziative per queste tre regioni e avevo così l'opportunità di incontrare, oltre ai miei amici di scuola e alla mia comitiva, tantissimi coetanei di diverse origini ed esperienze. C'erano anche molti incontri internazionali. Ricordo con grande emozione l'organizzazione del Genfest allo stadio Flaminio. Avevamo realizzato con i giovani di Roma una coreografia molto impegnativa, e c'erano poi gruppi da tutto il mondo che portavano un loro contributo artistico o di testimonianze per comunicare il messaggio evangelico. È stato bellissimo ritrovarmi in quello stadio ricolmo di giovani provenienti da tante parti del mondo uniti da uno stesso grande ideale. Altri incontri li svolgevamo nel teatro Tenda a strisce. L'obiettivo era sempre condividere la nostra scoperta dell'amore di Dio con quanti più giovani fosse possibile. Durante l'estate andammo in vacanza insieme con un gruppo di studenti del liceo classico Virgilio di corso Trieste, con i quali abbiamo poi avviato una serie di iniziative rivolte ai giovani più lontani dalla fede. Si cercava di coinvolgerli con workshop di musica, canto, recitazione, e diversi fra loro si sono in questo modo avvicinati pian piano a Gesù.

Si è trattato di anni molto intensi, pieni di entusiasmo, di attività, di amicizie. Il primo vero innamoramento l'ho avuto a diciassette anni. Durante una Mariapoli mi era stato chiesto di fare una testimonianza, alla fine della quale un ragazzo che cantava nel gruppo Gen mi venne incontro e si presentò. Si chiamava Roberto, era molto bello e affascinante e sentii subito con lui un feeling particolare, però non pensavo assolutamente a instaurare un rapporto di coppia, anche perché lui aveva quasi otto anni più di me. Abbiamo cominciato a vederci qualche volta a Roma e per me si trattava di un bel rapporto di amicizia, come avevo con tanti altri ragazzi.

Invece lui, con mia grande sorpresa, dopo poco tempo mi disse di essersi innamorato. Una dichiarazione che rappresentò per me come un fulmine a ciel sereno e che comunque smosse qualcosa nel mio cuore. Cercai di comprendere quello che provavo per questo ragazzo e mi accorsi che anch'io mi stavo innamorando di lui. Però facemmo il patto che non avremmo affrettato i nostri passi, ma avremmo cercato di fare insieme discernimento su quale fosse la volontà di Dio. Ci siamo messi in ascolto per comprendere se si trattasse soltanto di un sentimento del nostro cuore, oppure se si inserisse nel disegno d'amore che il Signore aveva sulle nostre vite.

Nonostante Roberto mi piacesse molto e mi sentissi davvero innamorata, il mio grande dubbio era che avevo il cuore troppo innamorato di Dio per poter immaginare una vita di coppia. Avevo chiaro che volevo essere tutta di Dio così come avevo scelto nella mia prima consacrazione a undici anni e avevo il dubbio che una relazione affettiva avrebbe potuto essere di ostacolo. Vedevo questo rapporto come qualcosa che mi avrebbe potuto distogliere dal cammino di santità che sentivo di voler fare. E invece, più si è approfondito il rapporto di comunione con lui e più ho scoperto quanto sacra sia la vocazione al matrimonio come via di santità. D'altra parte Maria, la creatura più consacrata che si possa pensare nella storia dell'umanità, si era sposata con Giuseppe con il quale ha vissuto la santità della famiglia di Nazareth.

Con Roberto abbiamo perciò cercato di impostare il nostro rapporto di coppia proprio guardando a Maria e Giuseppe come modelli della vita trinitaria che nel nostro piccolo eravamo chiamati a sperimentare ponendo Gesù al centro. È stata un'esperienza folgorante, con un amore purissimo e una comunione sempre più profonda. Una relazione di coppia che si è rivelata importante anche per la comitiva di cui facevamo parte, poiché era di stimolo a tanti altri nostri amici per comprendere che il fidanzamento non è soltanto lo stare bene insieme, ma una chiamata a vivere l'amore umano santificato dall'amore di Dio.

In quei mesi mi sono convinta che il matrimonio non soltanto non ostacolava la donazione radicale a Dio, ma anzi era una via di santità meravigliosa e forse particolarmente urgente per questi tempi in cui Satana si è come non mai scatenato contro la famiglie. Riscoprendo la bellezza e la sacralità della vocazione al matrimonio ho scardinato tutte le difese che avevo messo precedentemente in campo contro ogni possibile relazione di coppia (prima pensavo che non potevo essere tutta di Dio con un uomo accanto..., ma Maria mi aveva dato luce su quanto questa fosse semplicemente una mia convinzione errata). Abbiamo così cominciato a incamminarci verso questa prospettiva, che comunque non sarebbe stata immediata, a motivo della mia giovane età.

La cosa sorprendente è però stata che, nel momento in cui si è fatta forte questa certezza e mentre eravamo profondamente innamorati, ho sentito in preghiera che il Signore mi chiedeva di offrirgli questo dono meraviglioso e di lasciare Roberto. Devo confessare di aver fatto molta resistenza a questa cosa, che sentivo molto chiara nell'anima, ma che per me era inspiegabile. Mi interrogavo su quale senso avesse che il Signore mi chiedesse di sacrificargli quanto di più bello lui stesso mi aveva donato, visto che non mi sentivo chiamata a diventare suora, oppure a entrare fra le focolarine consacrate in Focolare a vita comune. Continuavo a cercare buone scuse per non ascoltare questa spinta interiore che in preghiera si faceva sempre più forte, o per lo meno per trovare una spiegazione razionale a questa cosa totalmente irrazionale.

Quel che sentivo dentro di me con certezza era che

il Signore mi lasciava libera di restare con Roberto o di lasciarlo, e nel contempo comprendevo che mi veniva chiesto di chiudere con questo rapporto affettivo. Non comprendevo il motivo, ma ero consapevole che il Signore voleva da me un nuovo totale affidamento a lui, una scelta di fede cieca e quasi assurda. Con tutta onestà non potevo negare di sentire questa chiamata di Dio. Mi sentivo, se posso consentirmi il paragone, nella condizione di Abramo quando gli viene chiesto di abbandonare la propria terra oppure di immolare Isacco, il figlio della promessa, colui che amava con tutto il suo cuore. Percepivo una luce interiore che mi invitava a fidarmi di Dio, pur non comprendendo alcunché, per offrirgli liberamente questo dono grande.

Era già molto forte l'allenamento a cercare di vivere in preghiera tutto quello che facevo. La mia giornata era scandita da diversi tempi, per lo più caratterizzati da un atteggiamento di ascolto, in cui mi raccoglievo nel sacro tabernacolo dell'anima, come mi piace dire: di notte in camera (che era un po' come la mia celletta), oppure in una cappellina della chiesa degli Angeli Custodi, o ancora nella natura, su una verde collinetta dietro casa mia che non era edificata. Al mattino facevo meditazione, poi c'erano la Messa quotidiana, il Rosario, momenti di adorazione e di preghiera del cuore in cui dialogavo con il Signore e mi affidavo a lui.

Ho ovviamente parlato con Roberto di questa particolare spinta interiore spiegandogli che non era lui l'impedimento, ma semplicemente sentivo che il Signore mi chiamava a qualcosa di diverso che neanche io allora comprendevo. Insieme abbiamo deciso, seppur con molto dolore e fatica, di fare questo passo e di non continuare il rapporto di coppia, ma di custodire l'amicizia e la comunione fra noi senza la prospettiva del matrimonio. Nell'abbandono alla volontà di Dio, anche lui si è fidato di quello che io sentivo e mi ha sostenuto nel rispondere a Dio con tutta l'anima e tutte le forze.

Soltanto dopo qualche anno ho compreso che, se non avessi avuto il coraggio in quel momento di fidarmi di questa certezza interiore incomprensibile ma inequivocabile, una vera e propria luce dello Spirito Santo, non sarebbe stato possibile realizzare pienamente la mia vocazione, che ancora non avevo chiara. Perché evidentemente, se mi fossi dedicata alla famiglia e ai miei figli, non avrei potuto seguire tutto il popolo di disperati che il Signore in seguito mi ha affidato come la mia nuova famiglia spirituale.

Naturalmente tutto ciò che riguardava la mia vita di fede lo confrontavo con i responsabili del movimento dei Focolari. Col massimo rispetto e libertà, mi venne data da loro conferma che, se sentivo così forte questa spinta interiore, potevo stare serena: certamente proveniva da Dio, ma avrei comunque potuto scegliere secondo il mio cuore. Ho avuto la conferma che non si trattava di una mia fantasia, insieme alla rassicurazione che il Signore ci ama immensamente e quando ci chiama a qualcosa ci lascia completamente liberi di rispondere: la decisione doveva essere mia, in piena libertà. Mi sembrava impossibile riuscire a fare questo passo perché ero profondamente innamorata. Quando decisi di lasciarlo ebbi l'impressione di sentire una spada trafiggere il mio cuore, provavo un dolore fortissimo che diventava ancor più tagliente nel rendermi conto che proprio io stavo facendo soffrire la persona che amavo con tutto il mio cuore. È stato un periodo davvero difficile e più volte ho desiderato tornare indietro rispetto a una decisione che era troppo irrazionale per una come me che deve sempre capire tutto, avere tutto sotto controllo. Ma avevo fede nel Suo Amore immenso e credevo che se Dio ci chiede di rinunciare a qualcosa che a noi sembra essere la nostra felicità è sempre e solo perché Lui vuole donarci una felicità ancora più grande e piena!

Poco prima di compiere diciotto anni, ci fu un altro evento molto significativo nella mia esistenza. Ero andata con la comitiva a Terracina, per trascorrere tre giorni al mare. In serata eravamo andati a fare un giro a Sperlonga ma mentre passeggiavamo avevo perso di vista i due amici con cui avevo viaggiato. Li ho ritrovati soltanto al momento di rientrare a casa. Il tempo di salire in macchina con un'altra amica e mi resi conto che quei due si erano ubriacati, ma il guidatore aveva già messo in moto e si era avviato. Dopo pochi minuti perse il controllo e l'automobile cominciò ad andare fuori strada. Con un brivido di panico realizzai che stavamo per precipitare in uno strapiombo dal quale non saremmo usciti vivi.

Un urlo e, per grazia di Dio, abbiamo tutti e quattro fatto in tempo a catapultarci fuori dalla vettura, che è rotolata giù e si è ridotta a un rottame. Ma abbiamo vissuto in qualche modo la nostra morte in diretta, poiché gli altri che si trovavano nelle automobili davanti a noi, non vedendoci arrivare, a un certo punto sono tornati indietro e hanno visto la macchina distrutta, mentre noi eravamo ancora a terra fra i cespugli. Per cui hanno cominciato a disperarsi, pensando che fossimo morti.

In nottata abbiamo parlato a lungo con Claudia, la ragazza che era insieme con me nella macchina, e con Daniela, un'altra amica venuta anche lei a Terracina, ambedue della comitiva che frequentavo. Abbiamo condiviso l'esperienza vissuta in questo faccia a faccia con la morte, e poi abbiamo fatto un patto. Ci siamo dette: «In qualsiasi momento questa vita potrebbe finire. Davvero, parafrasando le parole di Gesù, non sappiamo né il giorno né l'ora. Allora aiutiamoci a vivere ogni istante al meglio possibile, in modo da poter dire, al momento della morte: "Abbiamo vissuto in pieno la nostra vita e ne abbiamo fatto un dono di amore all'amore di Dio"».

Ciò che mi aveva segnata in profondità era stata una domanda, una specie di flash nel momento in cui avevo realizzato che stavo per morire: «Adesso che cosa resta di tutto quello che ho fatto nella mia vita?». E in quel momento ho sentito nel mio cuore la profonda consapevolezza che restava soltanto quanto io avevo amato. Si è trattato di una verità che si è impressa a fuoco nella mia anima: tutto passa, solo l'Amore resta! Dinanzi alla possibilità di morire, guardando in retrospettiva la mia vita, avevo provato il dolore di aver amato troppo poco. Di qui la richiesta a Gesù di darmi ancora tempo e opportunità per amare.

La cosa per me sconvolgente è stata che Claudia, due mesi più tardi, è stata investita da un guidatore ubriaco, è andata in coma e nel giro di due giorni è morta in ospedale. Un momento che per me ha rappresentato uno spartiacque nella mia vita: era come se Claudia avesse firmato con il sangue il nostro patto di vivere ogni istante in pienezza come un dono unico e preziosissimo. Questa morte improvvisa di Claudia, che è stato uno squarcio nel cuore poiché eravamo legate da una profonda comunione, mi ha portato a vedere tutto con uno sguardo completamente differente.

Nei giorni successivi alla sua morte non riuscivo a credere che Claudia non fosse più la sera in piazza Sempione a scherzare con tutti noi. Il dolore era così lancinante che mi sembrava insopportabile. Mi sentivo sconvolta da uno tsunami interiore e, anche se tutto continuava a procedere come sempre per me, era tutto diverso: qualcosa era cambiato dentro di me. Percorrevo le stesse strade di prima, vivevo le medesime situazioni ma ciò che prima mi sembrava una cosa normalissima – correre di qua e di là, preoccuparmi per lo studio, affannarmi pensando a cosa avrei dovuto fare – era divenuto inconsistente. La consapevolezza di quanto tutto fosse «vanità delle vanità», come dice il testo biblico del Qoèlet, si era impressa nella mia anima. Vidi come la maggior parte delle nostre risorse, energie psichiche, fisiche e spirituali, sono sprecate per cose che di fatto non hanno senso.

In sostanza la morte di Claudia mi confermò, con un marchio di fuoco nel cuore, la decisione di vivere ogni istante per ciò che non passa e si impresse nel mio cuore ancora più profondamente una convinzione: Dio solo non passa, Dio solo resta. Sono stata proiettata a forza verso gli orizzonti dell'eternità. Ciò che in precedenza il mondo mi proponeva come importante ha perso per me ogni attrattiva, si è scolorito, si è sciolto come neve al sole. In quel periodo mi stavo preparando all'esame di maturità e, come qualsiasi studente, ne ero preoccupata e intimorita. Ma, alla luce di quel patto, avevo scoperto che c'è per tutti noi un esame ben più essenziale, per il quale dobbiamo prepararci al meglio.

In sostanza, mi sono detta: «Per l'esame di maturità, per un voto dato dagli uomini, mi sto applicando tanto e sto impegnando molte energie. Ma c'è un esame finale, che dovrò affrontare ineluttabilmente, dal quale dipende addirittura la mia eternità. Gesù Cristo mi ha già rivelato le domande e quindi sarebbe veramente assurdo se, allo stesso modo in cui cercherò di fare bella figura all'interrogazione per la maturità, non mi preoccupassi molto di più di arrivare preparata a quell'ultimo esame».

Da quel momento la stella polare di ogni mia decisione e di ogni mio impegno è divenuta quel testo evangelico sul giudizio finale, dove il re dice: «Ogni volta che avete fatto queste cose a uno solo di questi miei fratelli più piccoli, l'avete fatto a me... Ogni volta che non avete fatto queste cose a uno di questi miei fratelli più piccoli, non l'avete fatto a me. E se ne andranno, questi al supplizio eterno, e i giusti alla vita eterna» (*Matteo* 25, 40-46). Le mie domande d'esame sono diventate quelle proposte da Gesù nel medesimo brano: «Ho avuto fame, ho avuto sete, ero forestiero, nudo, malato, carcerato... mi hai dato da mangiare, da bere? Mi hai accolto, sei venuta a farmi visita?».

Ho iniziato a sentire la responsabilità di riconoscere Gesù in ogni persona che incontravo, soprattutto in quelle meno amate, meno accolte, meno comprese. Magari l'affamato non era un barbone privo di cibo, ma piuttosto quel giovane solo che aveva bisogno di qualcuno che lo ascoltasse, quella ragazza tradita dal fidanzato che voleva una spalla sulla quale piangere. Nella concretezza delle piccole cose, cercavo di essere attenta a quel "piccolo" che ogni giorno mi passava accanto e di vivere la mia comunione con Gesù attraverso una relazione con gli altri che si trasformava in preghiera vissuta.

4
L'esperienza degli "inferi"

Chiuso con il liceo nel luglio del 1984, mi sono iscritta a Scienze politiche nell'Università di Roma. L'impatto con questo nuovo ambiente mi ha veramente sconcertato. Vedevo aule affollate da centinaia di persone, ma ciascuno era chiuso nel suo mondo, come se fosse un'isola a sé. In particolare i fuorisede, che arrivavano soprattutto dal Sud Italia, facevano trasparire nello sguardo un'immensa solitudine.

Perciò la prima iniziativa che abbiamo avviato insieme ad alcuni amici è stata una saletta di studio, nella cripta della cappella universitaria. Offrivamo questo luogo a quanti, nelle pause delle varie lezioni, vagavano all'interno dell'Università senza sapere dove andare. Ed era bellissimo vedere l'espressione sorpresa di questi ragazzi, quando si vedevano accolti con un sorriso e con un the: una cosa semplicissima, ma del tutto insolita in un ambito nel quale ognuno pensa ai fatti propri. In soli due mesi si era creato un giro di trecento giovani che frequentavano assiduamente la cripta della cappella e ai quali ho cominciato a proporre anche delle occasioni per approfondire insieme che cosa il Vangelo avesse da dire a noi universitari della Sapienza. Con un centinaio di ragazzi abbiamo poi avviato gruppi di canto, recitazione, musica, danza, per stare insieme e per realizzare qualcosa di bello da proporre agli altri.

Uno degli incontri che mi ha subito segnato è stato quello con un bel ragazzo, dai capelli biondi e gli occhi azzurri, con l'aria molto dolce, che una mia amica mi ha presentato con molto calore. Ci ho parlato per pochi minuti soltanto, ma mi sono stati sufficienti per scorgere una tristezza incredibile nel suo sguardo. Ed è stato un vero choc, appena una settimana dopo, venire a sapere che Andrea, questo era il suo nome, si era suicidato gettandosi dalla basilica di San Pietro. Nel taschino della camicia, all'altezza del cuore, gli avevano trovato un biglietto dove aveva scritto: «Ho cercato l'amore su questa terra, ma ho constatato che qui, per relazionarsi agli altri, bisogna soltanto vivere di maschere e io non ce la faccio a vivere così. Ho bisogno di amore, vado a vedere se c'è un'altra vita dove posso trovare questo amore». Questo grido, firmato dal sangue di un giovane, mi ha raggiunto come una spada in pieno cuore e mi sono ripromessa che, nel mio piccolo, avrei agito affinché nessun altro giovane arrivasse a decidere di uccidersi per "non aver trovato amore su questa terra".

Poco dopo la morte di Andrea, forse per emulazione, anche la sorella di un mio carissimo amico decise di buttarsi dal Cupolone. Lei non ha lasciato lettere, ma il fatto che due ragazzi, che non si conoscevano fra loro, facessero questa scelta di suicidio proprio da San Pietro, nel cuore del cristianesimo, mi è sembrato un grido fortissimo del mondo giovanile, che in quel momento mi toccava personalmente. Il movimento dei Focolari mi aveva infatti affidato la responsabilità dei «Giovani per un mondo unito», movimento rivolto non soltanto a giovani credenti ma anche a chi era ancora lontano dalla fede. Parlando con molti di loro scoprivo quanti giovani vivessero con la morte nel cuore, proprio perché non avevano mai avuto l'opportunità di fare un cammino spirituale capace di dischiudere orizzonti di verità, di luce e di pace.

All'improvviso, nel novembre del 1985, proprio mentre ero animata come non mai dallo zelo per l'evangelizzazione e per tante ore al giorno mi impegnavo in iniziative di ogni tipo, mi sono ritrovata in un "buco nero": da un giorno all'altro sono passata dalla tangibile esperienza di comunione con il Signore al black-out totale. Come posso spiegarlo? È come se, dopo che hai vissuto ogni istante della tua vita con una persona, a un certo punto questa non ti dice nulla e scompare: tu la cerchi in tutti i luoghi, ma non c'è verso di trovarla. Le fitte tenebre degli inferi all'improvviso avevano imprigionato la mia anima. La mia realtà era quella di tutti i giorni: continuavo ad andare all'università, a essere impegnata in mille attività bellissime, mi incontravo con gli amici, svolgevo i miei impegni con i giovani. Niente era cambiato. Ma da un giorno all'altro mi trovavo sprofondata inspiegabilmente dal paradiso all'inferno. Il cuore, da che era traboccante di gioia, era diventato pesante come un macigno. Una cappa di piombo impenetrabile si era frapposta tra me e il cielo.

Un dubbio terribile mi tormentava: e se tutto il mio percorso spirituale fosse stato soltanto il frutto della mia fantasia, qualcosa che mi ero creata come autoconvincimento per rendere più affrontabile una realtà che altrimenti sarebbe invivibile? La grande tentazione dell'ateismo, che non mi era mai appartenuta in nessuna maniera, voleva farsi strada in me: la tentazione di pensare che ci siamo inventati ogni cosa perché la fede ci è necessaria per continuare ad avere la speranza che non finisca tutto con la morte.

È stato davvero allucinante ritrovarmi con questi pensieri che mi frullavano per la testa e che quasi avevano imprigionato la mia anima in un carcere di tenebre fittissime. Soprattutto sentivo nel cuore il fortissimo grido: «Dio mio, Dio mio, perché mi hai abbandonato?». Tornavo mentalmente alla consacrazione a Gesù crocifisso e abbandonato che avevo fatto a undici anni e mi chiedevo con angoscia perché Dio non rispondesse al mio grido.

Per mesi sono andata avanti con questo buio totale nell'anima, pur continuando la vita di ogni giorno e cercando di non far trapelare niente di questa esperienza incredibile alle persone riguardo alle quali avevo una certa responsabilità. Mi assillavano dubbi lancinanti e continui, che riguardavano l'essenza della fede. Non riuscivo a comprendere come potessi arrivare a mettere in discussione la mia esperienza di vita, cioè a pensare che fosse stata tutta un'illusione. Però mi ritrovavo a subire questi dubbi e addirittura a vivere l'opposto di prima: da che mi sentivo immersa nell'amore di Dio, come esperienza di luce, comunione, pienezza di vita, tutt'a un tratto mi sono ritrovata attanagliata dalle tenebre della morte dell'anima nell'angoscia più profonda.

L'immagine che meglio rende quel terribile periodo è proprio quella dell'inferno nell'anima. Una terribile cortina fumogena impenetrabile si era frapposta tra me e il cielo. Ne ho parlato con Rinata, la focolarina che era la mia diretta responsabile, e lei mi ha ascoltato con molta attenzione. Poi mi ha detto: «Ora non preoccuparti di arrivare a Dio con la testa. Fidati di quello che hai sentito in tutti questi anni: Dio è amore. Se adesso lui permette questo periodo di buio, c'è dietro sicuramente un suo progetto di amore, che magari tu non riesci a comprendere. Fidati come una bambina dell'amore di Dio e non cercare di incasellarlo nei tuoi schemi mentali, perché non potrai mai infilare Dio nei tuoi poveri schemi». Quindi mi ha citato una meditazione di Chiara Lubich: «Se sentirai la tua anima nella disperazione e continuerai a sorridere e a parlare agli altri di speranza, ti sembrerà di fare una commedia (...) Ma ricordati che quello è amore puro, è commedia divina, è amare Gesù abbandonato! Gesù che arriva per amore nostro a gridare anche lui: "Dio mio, Dio mio, perché mi hai abbandonato?"».

In quel momento, anche se mi veniva di dubitare di tutto, avevo una sola certezza: sentivo che Rinata mi voleva bene fino al punto da essere pronta a dare la sua vita per me. E allora ho deciso che, se lei mi chiedeva di comportarmi in quel modo, lo avrei fatto. Ho compreso che, quando ci si sente lontanissimi da Dio e non si riesce a credere al suo amore, c'è un'unica freccia capace di penetrare la cappa di piombo che avvolge l'anima, il «comandamento nuovo» dato da Gesù: «Questo è il mio comandamento: che vi amiate gli uni gli altri, come io ho amato voi. Nessuno ha amore più grande di quello di dar la sua vita per i suoi amici» (*Giovanni* 15, 12-13). Nel cuore di una persona lontana da Dio, che è disperata e si sente all'inferno, che vorrebbe credere ma non ci riesce, può fare breccia soltanto la sensazione che qualcun altro è pronto a dare la sua vita per lei. Questo è stato in seguito un grimaldello che mi ha permesso di avvicinarmi a tante persone immerse nel buio dell'anima, quando non c'è bisogno di grandi discorsi, ma soltanto di un amore pronto a dare la vita.

Per un anno sono andata avanti in questa terribile situazione. Per di più, oltre alla sofferenza per la sensazione di assenza di Dio, provavo anche un altro tipo di dolore: quello che tutto ciò fosse attribuibile al mio peccato. Come a dire: anche se Dio ci fosse, io non potrei avere speranza di salvezza. È stato un periodo davvero incredibilmente duro e difficile da descrivere a parole: io, che avevo avuto sempre al centro della mia esistenza Dio, mi sentivo come fossi improvvisamente diventata atea. Ogni tanto mi tornava alla mente il patto fatto con Claudia e Daniela: mi facevo forza ripetendomi che, comunque andasse, la cosa più importante era vivere nell'amore. Continuavo a ripetermi con insistenza: «Solo l'amore resta! Solo amare conta! L'amore è più forte della morte!». Di fatto la tentazione più forte era proprio quella di smetterla di amare. In un mondo dove si vive di egoismo, dello schiacciarsi l'uno con l'altro, mantenere il cuore aperto e disponibile ti rende vulnerabile. Dunque ogni giorno era una lotta per cercare di essere fedele al comandamento dell'amore, per fare la mia parte nella "commedia divina".

Un giorno sono andata in chiesa proprio con questo grido: «Dio, dove sei?», ho aperto il Vangelo e ho trovato la frase: «Chi mi ama sarà amato dal Padre mio e anch'io lo amerò e mi manifesterò a lui» (*Giovanni* 14, 21). In quell'attimo ho avuto più che mai chiaro che il mio tentativo di arrivare a Dio con la testa, di trovare risposta ai miei interrogativi martellanti sul senso dell'esistenza, di tanta sofferenza, era come tentare di contenere l'oceano in un ditale, voler far entrare l'infinito in qualcosa di estremamente limitato.

Lì ho allora lanciato come una sfida al Signore, dicendogli che probabilmente la mia incapacità di amare, il mio peccato, mi avevano portato a non sentirlo più, però io dovevo sapere se lui esisteva realmente oppure se tutto quanto avevo vissuto prima era stato soltanto un frutto del mio desiderio che ci fosse: «Se tu ci sei, hai detto che sei verità. Quindi deve essere vera anche la tua promessa che a chi ti ama ti manifesterai. Io in questo periodo ho provato a comprenderti con la testa. Adesso voglio seguire la via che indichi tu, l'amore. Se tu ci sei, io ti amerò a tal punto che dovrai manifestarti per forza».

Quindi, paradossalmente, invece di mollare ho aumentato l'intensità della mia preghiera e del mio impegno, forte della certezza di fondo che non poteva essere tutta una illusione ciò che avevo vissuto in passato. Avevo sentito dire da qualcuno che sant'Agostino era arrivato a dormire tre ore a notte, così come anche qualche altro santo. Allora mi sono ripromessa di sfruttare al massimo il mio tempo, cercando di abituare il mio fisico a dormire tre ore. Ma non avevo fatto i conti con il fatto che sant'Agostino aveva cominciato a dormire tre ore a notte quando già aveva una certa età, mentre io ero proprio nell'età dello sviluppo, quando invece è fondamentale dormire il tempo necessario. Quindi sono riuscita ad abituare il mio fisico a dormire tre ore a notte, ma ho fatto un po' come la barzelletta dell'asino, morto proprio quando si era abituato a non mangiare.

A un certo punto ho avuto un crollo e ho cominciato ad avere una serie di problemi fisici, mal di testa, mal di stomaco, senso di nausea, dolori diffusi. Giustificavo tutto ciò come un modo di abituarsi del mio fisico, ma i sintomi in realtà manifestavano un allarme sull'impossibilità da parte del mio fisico di riuscire a tenere quei ritmi, e dunque peggioravano. D'altra parte l'avere imparato che il dolore offerto per amore è potente per la salvezza delle anime mi spingeva a vedere quella mia sofferenza fisica non come qualcosa da fuggire, ma come una opportunità di avere qualcosa da offrire al Signore.

Mi torna in mente un aneddoto che mia madre mi ha raccontato e che risale a quando avevo sette anni e ci trovavamo ad Ancona. C'era una focolarina che stava molto male e non si poteva andare a trovarla. Ma io avevo insistito tanto e così mi hanno permesso di andare nella sua stanza. Le chiesi: «Ma stai proprio male male?». E lei: «Be', sì, abbastanza». Allora io replicai: «Che bello, così hai qualcosa da offrire a Gesù!». Era diventata una barzelletta in comunità, questa mia semplice espressione di bambina. Però poi a Roma l'adattavo a me e davvero pensavo: «Sto davvero troppo male... non ce la faccio più a sopportare tutti questi dolori!! ...Che bello, così ho qualcosa da offrire a Gesù per la salvezza delle anime!».

Verso il Natale del 1986, Gesù ha risposto alla mia sfida: così come era "sparito" da un giorno all'altro, allo stesso modo, senza che fosse cambiato nulla, da un giorno all'altro è "ritornato". La cosa impressionante è che nel periodo precedente, più io ero all'inferno, più le persone che mi incontravano si sentivano vicine a Dio e dicevano: «Mi hai trasmesso una pace, una gioia...». Era proprio tangibile la fecondità del mio dolore offerto, di quel tempo di purificazione misteriosa.

Al risveglio, nella mia stanza, ho pregato come di consueto e all'improvviso ho sentito di nuovo la comunione con Dio, in una maniera tangibile come mai prima. Le altre mattine pregavo ed era un grido sordo, una voce persa nel silenzio. Quella mattina ho sentito il Signore lì presente e ho vissuto nel mio piccolo l'esperienza che Giobbe descrive alla fine del suo libro: «Io ti conoscevo per sentito dire, ma ora i miei occhi ti vedono» (*Giobbe* 42,5). Ho percepito una comunione molto profonda con il Signore e poi mi è venuto spontaneo dirgli: «Adesso capisco perché si dice "uno scherzo da prete". Io per amore tuo ho lasciato ciò che avevo di più prezioso e tu all'improvviso sparisci e mi lasci di punto in bianco all'inferno».

E nella preghiera ho come sentito la sua risposta: «Io sono sempre stato con te in tutto questo periodo, anche se tu non mi sentivi. Ma era fondamentale che tu vivessi questa sofferenza dell'anima, perché dovevi sapere che non c'è sofferenza più grande sulla terra di chi non riesce a percepire la comunione con me. Io desidero che tu viva per i più poveri dei poveri, che sono non tanto quelli che non hanno nulla di materiale, quelli che soffrono nel fisico, ma piuttosto coloro che sperimentano la morte dell'anima a causa del peccato, coloro che si sono allontanati da me e, avendo chiuso il cuore al mio amore, sperimentano gli inferi già su questa terra. Dovevi conoscere che cosa significhi vivere questo inferno, perché io desidero mandarti dai miei figli che non hanno conosciuto il mio amore. E soltanto facendo esperienza in prima persona dell'inferno che loro vivono potrai diventare testimone credibile del mio amore per loro. Soltanto vivendola in prima persona potevi sapere che sulla terra non esiste sofferenza più grande della separazione da me».

Nel mio caso, grazie al ritorno della luce spirituale, ho compreso che era stato Dio a permettermi di sperimentare la sensazione di quel terribile buio, vuoto, angoscia, morte nell'anima. Per tanti questa è un'esperienza profondamente drammatica: il peccato, chiudendo il cuore a Dio, ci porta a vivere qualcosa degli "inferi" e ciò che riguarda il mondo soprannaturale, la fede, sembra essere una follia. Tutto ciò è riassunto da san Paolo, in una delle sue lettere alle prime comunità cristiane: «Quelle cose che occhio non vide, né orecchio udì, né mai entrarono in cuore di uomo, queste ha preparato Dio per coloro che lo amano. Ma a noi Dio le ha rivelate per mezzo dello Spirito; lo Spirito infatti scruta ogni cosa, anche le profondità di Dio. Chi conosce i segreti dell'uomo se non lo spirito dell'uomo che è in lui? Così anche i segreti di Dio nessuno li ha mai potuti conoscere se non lo Spirito di Dio. Ora, noi non abbiamo ricevuto lo spirito del mondo, ma lo Spirito di Dio per conoscere tutto ciò che Dio ci ha donato. Di queste cose noi parliamo, non con un linguaggio suggerito dalla sapienza umana, ma insegnato dallo Spirito, esprimendo cose spirituali in termini spirituali. L'uomo naturale però non comprende le cose dello Spirito di Dio; esse sono follia per lui, e non è capace di intenderle, perché se ne può giudicare solo per mezzo dello Spirito. L'uomo spirituale invece giudica ogni cosa, senza poter essere giudicato da nessuno» (*1 Corinzi* 2, 9-15).

Quando ho letto questo brano ho compreso come, nel momento in cui non è presente la luce dello Spirito Santo, tutto ciò che riguarda Dio è follia. La mente, priva dell'assistenza dello Spirito, non è in grado di intenderlo. Però, poiché lo Spirito Santo ci viene dato come dono gratuito nel battesimo, da parte nostra ci vuole la docilità alla sua luce, affinché possa continuare a illuminare la nostra anima. Se, per qualsiasi motivo, uno chiude il cuore all'amore di Dio, tutto ciò che riguarda i misteri della fede diventa follia, non si riesce assolutamente a capire. È un po' come tentare di fare comprendere i colori e la bellezza di un meraviglioso paesaggio a un cieco. È stata un po' questa la mia esperienza di quel periodo: prima c'era la luce dello Spirito Santo che illuminava la mia anima e potevo "vedere" e "comprendere" ciò che riguarda il mondo dello spirito, i misteri della fede. All'improvviso mi sono ritrovata in un buio terribile e inspiegabile e mi sono sentita come se fossi diventata cieca spiritualmente e tutto ciò che riguardava il mondo dello spirito mi sembrava follia. Altrettanto all'improvviso mi sono sentita di nuovo raggiunta da una mirabile luce ed è come se avessi riacquistato la "vista" dello spirito! Una gioia nuova, indicibile, profondissima, piena ha ricolmato il mio cuore.

5
Gioia piena

Da quel momento ho sentito un'ulteriore e incontenibile spinta a vivere il resto dei miei giorni per aiutare le persone che sperimentano la morte dell'anima, quella separazione da Dio dovuta non soltanto alla mancanza di fede, ma soprattutto alla persistenza nel peccato che chiude il cuore all'amore divino. Lo spiega ancora san Paolo: «Il salario del peccato è la morte» (*Romani* 6, 23). Sono infatti certa che proprio in quell'anno di inferno è nata la mia vocazione... agli inferi! Fino ad allora seguivo totalmente il carisma di Chiara Lubich, sintetizzato nel binomio «unità e Gesù abbandonato»: vivere per la comunione fra gli uomini, per portare unità dove c'è divisione, ed essere una risposta al grido dell'abbandono del Signore Gesù.

Al termine di quel tempo di buio si è chiarita quella che in seguito sarebbe diventata la vocazione fondamentale della comunità Nuovi Orizzonti: testimoniare la pienezza della gioia di Cristo Risorto con una particolare attenzione al mistero della discesa agli inferi. Desideravo condividere, con più persone possibili, il segreto della pienezza della gioia che il Signore del creato ci ha rivelato: «Rimanete nel mio amore. Se osserverete i miei comandamenti, rimarrete nel mio amore, come io ho osservato i comandamenti del Padre mio e rimango nel suo amore. Questo vi ho detto perché la mia gioia sia in voi e la vostra gioia sia piena. Questo è il mio comandamento: che vi amiate gli uni gli altri, come io vi ho amati» (*Giovanni* 15, 9-12). In questo comandamento di Gesù, quel «come» significa fino al punto che lui grida con me: «Dio mio, Dio mio, perché mi hai abbandonato?», fino al punto che scende in quel baratro di separazione da Dio che il peccato provoca nella nostra anima, fino al punto che prende su di sé la morte per vincerla e portarla alla risurrezione.

Ho scoperto una dimensione nuova di quell'«amatevi come io vi ho amato» che andava oltre il rendersi disponibili verso il prossimo ed essere sempre attenta alle necessità del vicino, come avevo fatto sino a quel momento. Quel «come» significava imitare il giusto servo che «si è caricato le nostre sofferenze, si è addossato i nostri dolori, (...) per le sue piaghe noi siamo stati guariti» (*Isaia* 53, 4-5). Dunque dovevo amare il mio fratello fino al punto da far mio il suo grido di abbandono, far miei i suoi "inferi" che, avendoli vissuti personalmente, avevano assunto tutta un'altra connotazione. Perché una cosa è quando sai che esiste l'inferno, una cosa è quando lo vivi in prima persona.

Anche quel periodo molto doloroso che avevo vissuto aveva acquisito un nuovo significato vocazionale. Ho compreso che nel cammino spirituale dobbiamo puntare ad arrivare in cima al monte Carmelo (come lo chiama santa Teresa d'Avila), cioè alla profonda comunione con Dio che ci conduce alla vetta del monte dell'amore, ma una volta arrivati non si può restare lassù e dobbiamo "discendere negli inferi" dove c'è un popolo che grida, soffre e muore e testimoniare quella gioia piena che fiorisce dal Vangelo vissuto con radicalità.

Per me tutto ciò ha significato puntare alla preghiera incessante, vivere immersa nella contemplazione, ma facendo sì che la salita sul monte Tabor fosse sempre accompagnata dalla discesa nella "valle oscura" dove si trovano tanti fratelli che vivono questa morte dell'anima. Fin da piccola meditavo il Vangelo, però in quel momento fu come se ogni parola acquisisse una nuova luce, una sfumatura diversa: ho scoperto che la Parola di Dio è infinita quanto è infinito Dio e quindi ogni giorno c'è qualcosa di nuovo da contemplare. Si è creato un vero e proprio circolo virtuoso: più amavo e più sentivo il Signore manifestarsi, più il Signore si manifestava e più avevo il desiderio di amarlo, e tutto ciò si traduceva nell'amare i fratelli. E amando i fratelli c'era nuova luce per amare Dio.

Nel novembre del 1986, in un congresso internazionale del movimento dei Focolari a Castel Gandolfo, ho sentito il desiderio di donare a Dio tutto di me con nuova radicalità. Graziella De Luca, una delle primissime focolarine, molto vicina a Chiara Lubich, stava parlando della sua esperienza dell'amore di Dio e durante il suo intervento ho avvertito questa spinta incontenibile.

Non capivo nemmeno bene che cosa potesse significare questo nuovo passo e allora ho pensato di parlarne con Graziella, anche se mi sembrava una cosa impossibile in quella circostanza così affollata. Non ci conoscevamo personalmente, ma a un certo punto ci siamo casualmente incrociate. La cosa incredibile è che io stavo per dirle: «Graziella, vorrei parlare con te», ma lei, che era circondata da tantissime persone, si è rivolta a me, che ero un po' distante dicendomi: «Io e te dobbiamo parlare». Per me è stato un segno preciso.

Le ho raccontato l'esperienza forte che stavo vivendo e ho condiviso con lei questo desiderio che avevo avvertito nell'anima di poter donare tutto di me a Dio in maniera più radicale. Sapevo che per entrare in Focolare c'era prima un percorso da compiere, con due anni da esterna e altri due anni in una piccola comunità a vita comune per la verifica. Io non avevo fatto nulla di questo percorso, per di più stavo ancora studiando e avevo poca salute, tutte cose pregiudiziali per entrare nel Focolare. E invece, inaspettatamente, la sua replica è stata: «Bruciare le tappe? Perché no?».

Si è trattato di un vero e proprio colpo di scena, del tutto inaspettato. L'ho interpretato come la conferma che il Signore aveva fretta e così, a giugno del 1987, sono entrata nel Focolare a Roma Settanta, nei pressi del quartiere romano dell'Eur. Il mio ingresso ufficiale avvenne nel giorno di Pentecoste, una solennità che per me è divenuta ancor più significativa con Nuovi Orizzonti, i cui membri in questo giorno rinnovano la loro donazione a Dio con le promesse di povertà, castità, obbedienza e gioia. Alla sera andammo, con le altre focolarine e i miei genitori, a San Pietro per la veglia di Pentecoste e l'inizio dell'Anno mariano presieduta da Giovanni Paolo II.

Quando avevo comunicato questa mia intenzione, i miei genitori erano rimasti un po' sorpresi. Mamma e papà probabilmente si attendevano da me qualche scelta “forte”, però non si aspettavano una scelta di questo tipo così presto. Da una parte sono stati contenti per il tipo di decisione, dall’altra hanno vissuto il dolore del distacco, perché comunque siamo sempre stati legatissimi. Posso dire che l’abbiamo vissuta insieme come l’offerta di una potatura. Mi sono sempre stati vicini con immenso amore, senza mai ostacolarmi in niente e facendosi presenti in ogni opportunità.

È iniziato così un altro capitolo meraviglioso della mia vita, poiché in quei mesi nel Focolare mi sembrava di toccare il cielo con un dito. Un’esperienza di gioia, di comunione, di paradiso. Impegnativa, come tutte le esperienze spirituali che si rispettino, ma veramente caratterizzata da una grandissima felicità. Ho avuto la possibilità di approfondire il carisma di Chiara Lubich e l’importanza della promessa meravigliosa, che mai contempleremo sufficientemente nella sua portata rivoluzionaria, fatta da Gesù: «Dove sono due o tre riuniti nel mio nome, io sono in mezzo a loro» (*Matteo* 18, 20).

La vita nel Focolare era molto bella. La mattina mi svegliavo alle 6.00; per circa mezz’ora meditavo qualche scritto spirituale o il Nuovo Testamento; alle 7.00 andavo a Messa. Dopo la Messa io andavo all’università, le altre focolarine al lavoro. Quando le lezioni me lo consentivano tornavo per il pranzo e nel pomeriggio ero impegnata in diversi incontri, colloqui, iniziative varie, apostolato e momenti di fraternità. Poi c’erano gli incontri spirituali di formazione che per me sono stati una grande grazia perché ho potuto attingere ancor più in profondità al carisma di Chiara Lubich, che resta una luce grandissima e unica per la mia vita. La sera approfittavo per fare un po’ di condivisione con le altre focolarine, fare delle telefonate (seguivo molti giovani), pregare, studiare.

Ma la sensazione più bella era proprio quella che Gesù fosse sempre lì in mezzo a noi. La vita normale diventava straordinaria semplicemente per questa tensione a vivere l'unità nel nome di Cristo. L'esperienza travolgente e tangibile del Risorto che si fa compagno di viaggio – come testimoniato dai discepoli di Emmaus: «Non ci ardeva forse il cuore nel petto mentre conversava con noi lungo il cammino?» (*Luca* 24,32) – mi accompagnava costantemente in quel periodo. Sia che studi, sia che cucini, sia che sparecchi, sia che fai un incontro di evangelizzazione, percepisci concretamente che c'è Qualcuno che rende nuovo e pieno di significato tutto ciò che stai vivendo.

6

L'esperienza della malattia e la vocazione agli inferi

In Focolare mi era stato affidato l'incarico di verificare che tutti custodissero la salute fisica, con una vita ordinata, l'attenzione al cibo, allo sport, e la salute spirituale, intensificando la comunione fra tutti e la vigilanza a custodire sempre la comunione. Diciamo che, anche se ero molto sportiva, l'attenzione alla salute fisica non era proprio il mio forte, ma comunque è stato bello ricevere questo compito perché così potevo cercare di crescere in questo aspetto.

Quell'anno è trascorso davvero in maniera meravigliosa, con tante scoperte spirituali e l'approfondimento della vita comunitaria. In fondo il Focolare è questo: una vita semplicissima e ordinaria, ma illuminata dalla comunione profonda che rende nuove tutte le cose.

Cercavo di mettere tutto il mio impegno per far sì che nel Focolare tutte vivessero un certo ordine di vita, ma io continuavo a essere invece troppo presa dallo zelo per l'evangelizzazione e sentivo impresse sempre più profondamente nel mio cuore le parole del salmista: «Mi divora lo zelo per la tua casa» (*Salmi* 69, 10). Perciò continuavo a bruciare sonno, a studiare e a pregare di notte perché di giorno desideravo impegnarmi in tante altre cose. La nuova energia spirituale era così forte da non farmi ascoltare gli allarmi del mio fisico, che continuava a dare mille segnali di cedimento, con tutta una serie di sintomi dolorosi: mal di testa, mal di stomaco, allergie, infezioni, infiammazioni diffuse, nevralgie, collassi vari, e poi febbre continua e dolori sempre più preoccupanti.

Agli inizi di luglio del 1988 si aggiunse un particolare sogno agli ormai consueti incubi caratterizzati da demoni che mi torturavano (penso fossero per lo più come un'inconscia esternazione delle sofferenze fisiche che ormai dilaniavano costantemente il mio fisico). In questo nuovo sogno così particolare, uno di questi esseri mostruosi, dopo avermi torturata a lungo, mi feriva un occhio con uno spuntone rovente (sembrava un pugnale molto affilato) e io provavo un dolore così forte da non poter resistere. Nel sogno questo demone cominciava a dirmi: «Continua a credere che Dio è amore, continua a testimoniare il suo amore al mondo intero... Ma non vedi che il tuo Dio ti ha lasciato nelle nostre mani? Dov'è ora il tuo Dio?».

Dinanzi a questa suggestione diabolica, per quanto fosse fortissima, inizialmente non mi lasciavo scalfire più di tanto. Continuavo ad affermare: «Dio è amore, Dio è Amore!». Però durante il sogno il dolore continuava a diventare sempre più atroce, sino a quando questo essere colpiva con con lo stesso spuntone rovente anche l'altro occhio e io non riuscivo più a vedere. Nel frattempo quello incalzava con il suo feroce interrogativo accompagnato da un ghigno gelido e satanico: «Dov'è il tuo Dio? Sei davvero ancora così convinta che il tuo Dio sia amore? Perché non interviene e permette che noi ti torturiamo? Lo vedi che ti ha abbandonato nelle nostre mani?».

Sentivo che ero vicina a cedere, mi sentivo quasi sul punto di ammettere: «Hanno ragione loro, non può essere che Dio è amore!». Ma proprio in quell'attimo, con tutto l'amore che sono riuscita a raccogliere nel mio cuore e con uno sforzo inumano di volontà, ho iniziato a gridare: «No, io credo che Dio è amore, io credo che Dio è amore». Per un attimo ho avuto proprio il terrore di perdere la fede ma, proprio nel momento in cui ho gridato con tutto il mio cuore e con tutte le mie forze: «Dio è amore, io credo che Dio è amore!», mi sono svegliata. È impossibile descrivere il senso di sollievo nel rendermi conto che non era stato altro che un ulteriore terribile incubo! Però aveva avuto una tale forza diabolica che, anche da sveglia, mi era rimasta nell'anima la terribile sensazione di averlo vissuto così intensamente da avere provato qualcosa di misteriosamente "reale"! Quando ho fatto questo sogno non avevo ancora nessun tipo di dolore agli occhi.

La cosa che ancora non riesco a spiegarmi è che, precisamente una settimana dopo, mi sono svegliata alle tre di notte con un dolore lancinante, proprio con la sensazione fisica che qualcuno mi stesse infilando davvero un pugnale nell'occhio (la stessa identica sensazione vissuta nel sogno). Purtroppo questa volta non si trattava più di un semplice incubo: era drammatica realtà. Il dolore era letteralmente insopportabile, da impazzire. Era un dolore talmente forte che non riuscivo più a star ferma neanche un attimo. Mi sono alzata e ho trascorso il resto della nottata a camminare su e giù nella stanza aspettando l'alba per farmi accompagnare da un medico (ero fuori casa, in montagna, per qualche giorno a una Mariapoli).

La prima diagnosi, fatta dopo uno sguardo molto superficiale all'occhio da parte di un medico generico che si trovava lì, è stata che probabilmente si trattava di una congiuntivite e mi venne prescritto il collirio e l'antibiotico. A dire la verità facevo molta difficoltà a credere che una semplice congiuntivite potesse causare un dolore così terribile. Ho sempre avuto una soglia di resistenza al dolore molto alta e per qualche giorno ho provato a curarmi con le mie belle gocce di antibiotici cercando di resistere, anche se avrei soltanto voluto gridare in ogni attimo dal dolore. Ho cercato di resistere ancora per qualche giorno, non so bene neanche io come, fino a quando, sempre alle tre di notte, sono di nuovo saltata dal letto per il dolore con la medesima sensazione di pugnalata anche nell'altro occhio. Non riuscivo a crederci: la stessa sensazione vissuta nell'incubo qualche giorno prima, ma questa volta purtroppo non era affatto un sogno. Ho deciso allora appena possibile di farmi accompagnare al pronto soccorso.

Arrivata all'ospedale ho dichiarato all'accettazione che provavo un dolore molto forte agli occhi, però l'ho detto un po' a modo mio e quindi nessuno tendeva a prendermi sul serio... Non ho ancora ben capito perché il più delle volte negli ospedali se non gridi dal dolore tendono a pensare che la cosa non sia poi così grave! Comunque, grazie all'insistenza di una focolarina che mi ha accompagnata, sono riuscita finalmente a "ottenere udienza" dal medico. Lo specialista, appena mi ha visitato gli occhi, ha fatto un salto sulla sedia ed è sbottato: «Ma tu dovresti gridare dal dolore per quello che hai». E io di rimando: «Be', veramente ho cercato in ogni modo di far capire che il dolore è davvero insopportabile..., ma se non si urla nessuno ti prende in considerazione».

Il medico mi ha spiegato che era in atto un'infezione molto grave che aveva interessato ambedue gli occhi e che stavo veramente rischiando grosso: «Bastava che tardassi qualche altro giorno» ha aggiunto «e ti giocavi definitivamente la vista. Comunque si tratta di una malattia seria: una uveite che rischia di cronicizzarsi. Dobbiamo correre subito ai ripari, anche perché è andata parecchio avanti».

Il medico mi ha immediatamente prescritto una serie di accertamenti per chiarire la causa di quell'infezione e sono stata bombardata di cortisone e di altri antibiotici. Proprio in quei giorni è poi accaduto un altro evento particolare che mi ha segnato in profondità.

Con questo martirio agli occhi che continuava a perseguitarmi avevo molta difficoltà a dormire di notte. Naturalmente la trascorrevo in preghiera, poiché era anche l'unico modo per riuscire ad affrontare una situazione così allucinante. Ero dunque immersa in un colloquio spirituale con il Signore e avevo nell'anima, come spesso mi capitava in quel periodo, la sensazione bellissima di sentirmi in cielo, quando d'improvviso mi sono ritrovata a percepire accanto a me una presenza demoniaca che mi ha pervasa di terrore allo stato puro. Speravo tanto fosse uno dei miei soliti strani incubi abitati da demoni che mi torturavano, ma quella volta ero sveglia. Subito dopo ho avuto la sensazione che la mia anima fosse uscita dal corpo e si trovasse in un "luogo-non luogo", in uno stato che era l'amplificazione all'ennesima potenza della precedente esperienza di inferi vissuta per un anno. Se nel black-out precedente mi ero sentita pervasa dal buio e dal gelo della morte, in questa nottata mi sono ritrovata ad avere la sensazione fisica di trovarmi all'inferno. Non ci sono termini per descrivere quella drammatica esperienza, poiché qualsiasi parametro terreno non rende alcunché di quello che stavo vivendo: se dico «buio» oppure «senso di disperazione», gelo, angoscia profondissima, solitudine abissale, vuoto mortale... inferno...si tratta di parole che danno soltanto una pallidissima idea. Sarà stata questione di pochi minuti, ma a me è sembrata un'eternità a causa dell'enorme senso di disperazione e di separazione da Dio che ho provato.

Volevo scappare, volevo gridare per chiedere aiuto, però non avevo più il controllo di me stessa: era come se l'anima fosse da una parte e il corpo da un'altra. Con l'anima ho gridato: «Dio mio, Dio mio, perché mi hai abbandonato?»; e subito dopo mi è venuta questa illuminazione: «Dio non può avermi abbandonata qui». Allora mi sono sgorgate spontanee nel cuore le parole di affidamento di Gesù: «Padre, nelle tue mani consegno il mio spirito» (*Luca* 23, 46). Immediatamente mi sono ritrovata, se così si può dire, nel mio corpo e non più in questo "luogo-non luogo". Ma potevo ancora percepire quella presenza terrificante e ho avvertito con chiarezza queste parole: «Non ti lasceremo mai più pace, non ti daremo mai più tregua!». Una frase pronunciata con una cattiveria immane, che mi è entrata come una lama tagliente nell'anima. Sentivo che quella presenza mi avrebbe disintegrato istantaneamente, se non ci fosse stato Qualcun altro che non glielo permetteva.

Ho subito pensato: "Se in pochi secondi ho vissuto un'esperienza così terribile, che mai sarà vivere l'inferno per l'eternità? Allora voglio spendere tutta la mia vita affinché chi già vive l'inferno sulla terra possa uscirne e soprattutto non ci finisca per l'eternità". Stentavo davvero a credere di poter avere vissuto un'esperienza simile e continuavo a pizzicarmi nella speranza di svegliarmi dall'ennesimo incubo, eppure... ero proprio sveglia! In quella nottata incredibile si è radicata nell'anima, in maniera indelebile, la mia vocazione agli ultimi, ai più poveri dei poveri, a chi ha perso Dio, a chi vive nel peccato che conduce alla morte dell'anima, a immergermi con Gesù negli inferi di molti cuori.

Da quel momento, se "loro" erano determinati a non darmi più tregua, io ero altrettanto determinata a puntare a vivere con grande radicalità il Vangelo e non mi davo pace al pensiero che anche una sola anima potesse arrivare a vivere eternamente quella esperienza infernale che avevo vissuto così intensamente in prima persona. Penso di aver compreso con questa esperienza incredibile qualcosa del mistero della discesa agli inferi di Gesù, un aspetto poco approfondito, ma a parer mio importante, dell'esperienza cristiana. Ho percepito che Dio mi chiamava a testimoniare il suo amore proprio a chi sperimenta nell'anima qualcosa degli "inferi" già sulla terra, a portare la grande notizia della risurrezione di Cristo, che si è inabissato lui stesso negli inferi per dischiuderci le porte del Paradiso, che ha preso su di sé la morte per amore nostro, che l'ha sconfitta per farci dono della pienezza della gioia della resurrezione.

Dopo questa esperienza il mio unico desiderio è diventato vivere ogni attimo affinché nessuno, intestardendosi in scelte di peccato, possa finire all'inferno! Nella stanza ero da sola e sono rimasta lì, immersa nella preghiera dalla quale ho avuto luce per poter vivere questa esperienza non come un trauma, ma piuttosto come un nuovo orizzonte da percorrere. Quando si è fatto giorno, ho potuto parlare con la mia responsabile del Focolare. Già mettendo in comunione con lei questa vicenda ho ricavato la forza per leggerla con serenità.

Comunque si è trattato per me di un vero spartiacque: non puoi vivere un'esperienza simile e tornare a essere quella di prima. Anche se mi sentivo completamente inadeguata, avevo compreso che la mia vita poteva aver senso soltanto nella misura in cui mi sarei lasciata in qualche modo utilizzare, da Colui al quale nulla è impossibile, come strumento per giungere in suo nome a questi fratelli sofferenti nel corpo, ma soprattutto nell'anima. Poiché la sofferenza spirituale è meno visibile di quella materiale, però è immensamente più terribile. Lo posso dire con cognizione di causa, in quanto più che mai in quel momento avevo i parametri di ambedue ai massimi livelli e vedevo che c'era un abisso. Per quanto il dolore fisico che sperimentavo fosse dilaniante, di fronte a quell'abisso di dolore spirituale che avevo vissuto non c'era proprio paragone.

Siamo rimaste in montagna una ventina di giorni e, oltre al problema agli occhi, avevo cominciato a star male anche con il cuore, con spasmi molto forti che facevano temere il possibile manifestarsi di angine. Fortunatamente c'era una focolarina medico che mi controllava quotidianamente e che, al rientro a Roma, mi ha prescritto un ricovero in ospedale. Sono stata per un mese nel policlinico Agostino Gemelli, dove mi hanno fatto degli accertamenti approfonditi e dove nel contempo ho vissuto una forte esperienza di radicamento nell'essenziale, a contatto con malati gravi.

Un periodo davvero difficile, anche perché dovevo fare tutte queste "scopìe" che erano dolorosissime. Una broncoscopia, che normalmente dura dieci minuti, si prolungava anche per un'ora perché i medici avevano sempre qualcosa da studiare, idem per la colonscopia; poi c'era la gastroscopia, il tenue con sondino, eccetera... Senza considerare le iniezioni di cortisone dentro gli occhi che andavano fatte ogni due giorni per tentare di arrestare l'infezione e la conseguente perdita di vista. Inoltre ero diventata insensibile all'anestesia e a qualunque tipo di antidolorifico, quindi non c'era possibilità di ridurre il dolore. Dolori atroci, senza tregua, notte e giorno, senza alcuna speranza di uscirne poiché le notizie dei medici erano sempre più infauste.

Mio padre si era dato molto da fare e aveva consultato tutti i testi e le enciclopedie che aveva potuto trovare, scoprendo che ci sono uveiti dal decorso benigno, quindi più o meno dolorose ma che nel giro di breve tempo possono guarire, e altre dal decorso maligno che portano alla cecità irreversibile. Grazie al suo carattere puntiglioso, aveva individuato un primario che era considerato tra i professori più esperti di questa malattia e riuscì a fissare rapidamente un appuntamento. Portò con sé un registratore perché non voleva dimenticare nemmeno una parola di quanto il medico avrebbe detto. La sua diagnosi fu secca: «Mi dispiace dirglielo, ma questa è una uveite cronica che non guarisce, non guarisce, non guarisce!». Una affermazione scandita per tre volte, senza lasciare nemmeno uno spiraglio. «Dobbiamo soltanto pregare che non sia interessata la retina, poiché in tal caso si arriverà alla perdita della vista».

Poco dopo ho fatto una fluoroangiografia, che effettivamente ha confermato l'interessamento della retina. Allora mio padre mi ha portato dalla professoressa Pivetti, che in quel momento veniva considerata la massima esperta delle uveiti. Purtroppo anche lei confermò con la massima sicurezza quella diagnosi: uveite cronica anteriore e intermedia con interessamento della retina. Non c'è alcuna possibilità di guarigione. La sintomatologia faceva inoltre pensare che la mia uveite fosse correlata a una sindrome di Bechet, una terribile malattia autoimmune... ma non avevo neanche il sollievo di pensare che dopo qualche mese la morte mi avrebbe liberato da quei terribili dolori che non mi lasciavano respiro. Si profilavano all'orizzonte una imminente cecità e poi un lungo e dolorosissimo calvario.

Il paradosso è che, nonostante queste torture cinesi senza sosta e la prospettiva priva di speranze, sentivo una pienezza di gioia incredibile, una pace interiore alla quale io stessa non potevo dare una spiegazione. In effetti avrei dovuto essere disperata, non soltanto per i dolori fisici terribili e senza tregua, ma anche per la prospettiva della cecità che avrebbe portato allo stravolgimento totale di tutta la mia esistenza. Già ne stavo facendo l'esperienza poiché ero passata da dieci decimi di vista a due decimi nel giro di due mesi, tanto che non riuscivo a riconoscere chi mi stava di fronte a tre metri di distanza e non riuscivo più a leggere, che era uno dei sostegni a cui in precedenza ricorrevo nei momenti di malattia.

Devo aggiungere un particolare significativo. Nel momento della diagnosi del professor Pagolini mi cadde il mondo addosso – avevo ventun anni e la prospettiva di cecità e di dolori atroci non credo sia piacevole per nessuno – ed ebbi un momento di sconforto, tanto che mi scese una lacrima, cosa per me decisamente inusuale. La pace che mi era stata compagna fino a quel momento aveva vacillato fortemente, per il timore che avevo di non riuscire ad affrontare un calvario di questo calibro. Sono entrata nella cappella del Gemelli per cercare un po' di forza nella preghiera ed era in corso una celebrazione della Messa. In quel preciso istante stavano leggendo il brano di Isaia che dice: «"Coraggio! Non temete; ecco il vostro Dio, giunge la ricompensa divina. Egli viene a salvarvi". Allora si apriranno gli occhi dei ciechi e si schiuderanno gli orecchi dei sordi» (35, 4-5).

Naturalmente in quel momento l'ho interpretato in senso spirituale, poiché la sicurezza della diagnosi del professore non mi consentiva alcuna prospettiva che i miei occhi si potessero riaprire. Però ho percepito come un segno di tenerezza del "Papino Celeste" venir raggiunta dall'invito a non temere. Per me ha significato che, anche se in quel momento non riuscivo a comprendere il senso di quella sofferenza, presto avrei avuto la luce per capire che c'era un disegno di Dio. Questa parola di Dio ha raggiunto con forza la mia anima ridonandomi una pace profonda.

7
Dal buio alla luce

Mi hanno dimessa dal Gemelli a ottobre del 1988 e avevo la convinzione che non sarei potuta rientrare in Focolare, poiché mi era chiaro che gli statuti del movimento per la vita comune richiedono esplicitamente una buona salute. E invece ho avuto l'inaspettata sorpresa di potervi tornare. Questa possibilità mi ha dato una grande gioia poiché avevo la percezione che vivere l'esperienza del «dove sono due o tre riuniti nel mio nome, lì sono io in mezzo a loro» (*Matteo* 18, 20), condividendo con le focolarine la presenza concreta del Risorto, era un grande aiuto per riuscire ad affrontare con pace e serenità una situazione così drammatica.

I mesi successivi sono stati caratterizzati da questa bipolarità: un calvario fisico insopportabile e una gioia spirituale indescrivibile. Erano come due estremi opposti che convivevano misteriosamente, pur essendo intimamente legati. Il corpo non riusciva ad affossare lo spirito, mentre lo spirito era in grado di trainare il corpo. E lungo questo itinerario sentivo molto la forza della comunione con sorelle e fratelli che mi accompagnavano e talvolta facevano un po' da cirenei.

Però, a febbraio del 1989, la responsabile del mio

Focolare mi sintetizzò il colloquio che aveva appena avuto con la capozona di Lazio, Abruzzo e Sardegna: «Hanno mandato la tua cartella clinica negli Stati Uniti per verificare se lì ci fosse qualche nuova cura, hanno sentito anche un luminare olandese, e purtroppo da ogni parte è stato confermato che non c'è alcun tipo di terapia che possa far sperare in una guarigione. Secondo la scienza, la tua condizione è irreversibile. Non c'è la prospettiva del "quando starai meglio", ma soltanto quella del "quando starai peggio". Perciò abbiamo valutato che la vita di Focolare è troppo impegnativa per la tua malattia e che non è amore nei tuoi confronti tenerti in questo contesto».

Se, tornando dall'ospedale, mi aspettavo un simile discorso, in quel momento invece questa notizia mi ha raggiunto come un fulmine a ciel sereno, una sciabolata in pieno cuore. Avevo infatti l'impressione di non potercela fare a continuare ad affrontare quel terribile calvario senza la forza della comunione vissuta in Focolare, perciò mi si è fatto davvero buio. Non comprendevo proprio come Dio potesse arrivare a chiedermi addirittura questo "sacrificio di Isacco"... Ancora una volta mi chiedeva di offrire a lui quanto di più bello e di più sacro lui stesso mi aveva donato. Però, fui particolarmente sorpresa nel constatare che questa notizia, del tutto inaspettata, era arrivata nel pomeriggio della giornata in cui avevo fatto una preghiera particolare.

Siccome in quel periodo ciò che caratterizzava la mia anima era comunque una grande gioia, si era manifestato in me, con sempre crescente prepotenza, il desiderio di andare a cercare le persone che vivevano nell'inferno, recandomi fisicamente in strada di notte per incontrare i più disperati. Da un mesetto sentivo un turbamento nell'anima, poiché si trattava di una spinta troppo forte e incontenibile. Tutte le volte che mi immergevo profondamente nella preghiera, e lo ero quasi sempre, questa spinta cresceva sempre di più. «Devo andare a cercare i miei fratelli più disperati, devo andare per strada di notte a cercare spacciatori, tossici, alcolisti, prostitute, malati di aids», mi dicevo. Ma il dato obiettivo era che non mi reggevo in piedi e che ci vedevo pochissimo, per cui mi rispondevo: «Ma dove vado, come faccio? La mia malattia non me lo permette e poi sono in Focolare, la mia vocazione è un'altra, non l'ho scelto io, è il Signore che mi ha portata qui».

In tutto questo marasma di contrapposte considerazioni, quella mattina mi ero rivolta al Signore dicendogli semplicemente: «Io non so se questa spinta che sento così prepotente nel cuore di andare di notte a cercarmi tossici, prostitute, alcolisti, delinquenti, disperati... sei tu che me la metti nel cuore. Mi rendo conto che per una ragazza giovane come me è troppo pericoloso, sarebbe una pazzia... Ma tu sai che con te ho firmato una cambiale in bianco, desidero soltanto quello che desideri tu. Se per caso, come mi sembra, questo desiderio così prepotente sei tu a mettermelo nel cuore, tu che puoi tutto mettimi almeno un minimo nelle condizioni di poterlo realizzare, donami quel minimo di salute necessaria per poter andare da sola in strada di notte».

Ho pronunciato queste parole con una semplicità priva di qualsiasi pretesa. Il mio intendimento non era: «Se tu mi guarirai, allora io farò». Era piuttosto: «Concretamente mi sembra strano che tu mi metta nel cuore un desiderio così perché è imprudente, folle, e i segni sembrano in un'altra direzione visti gli impedimenti oggettivi che ci sono. Però, se sei proprio tu a chiedermi questo, dammi una conferma».

Quindi ho proseguito: «Signore, mi trovo nel Focolare perché mi ci hai portato tu. Quindi la tua volontà per me attualmente è questa. Restando in Focolare non è possibile che io porti avanti un simile impegno. Se veramente questa è una cosa che vuoi tu, portami tu fuori dal Focolare». Non me la sentivo di iniziare un'esperienza umanamente molto imprudente, senza un segno chiaro da parte del Signore. Dire «portami tu fuori dal Focolare» è stato effettivamente un bell'azzardo, e mai più mi sarei aspettata che dopo soltanto poche ore mi arrivasse questa comunicazione di dovere lasciare il Focolare, a causa della mia salute: una tempestività davvero sconcertante.

Appena ricevuta la notizia mi sono sentita mancare la terra sotto i piedi, non potevo crederci, mi sembrava proprio troppo! Sono andata subito al santuario del Divino Amore, un luogo a me molto caro. Durante il tragitto ho cominciato a ripetere, gridando interiormente: «Credo che Dio è amore, credo che Dio è amore...», quasi a volermi convincere. Era la prima volta durante il calvario atroce della malattia che sentivo la mia fede vacillare. Sono entrata in chiesa con la morte nel cuore. Durante la lettura del Vangelo del giorno mi hanno profondamente colpita queste parole: «Allora venne a lui un lebbroso: lo supplicava in ginocchio e gli diceva: "Se vuoi, puoi guarirmi!". Mosso a compassione, stese la mano, lo toccò e gli disse: "Lo voglio, guarisci!". Subito la lebbra scomparve ed egli guarì» (*Marco* 1,40-42). Avevo come l'impressione che quel «sì, lo voglio» Gesù lo stesse rivolgendo proprio a me, anche se sapevo benissimo che tutti i medici avevano escluso ogni possibilità di guarigione. Sono rimasta profondamente raccolta in preghiera ripensando alla richiesta del segno che proprio in quel giorno avevo chiesto al Signore come conferma da parte sua che quel desiderio a immergermi nell'inferno della strada era lui a mettermelo nel cuore.

Rientrata nel Focolare, sono rimasta immersa in un grande travaglio interiore. La sensazione di non potercela fare senza la comunità mi faceva vacillare nella fede e mi riportava alla mente quelle frasi terribili che avevo sentito nel sogno la settimana prima che iniziasse la malattia agli occhi: «Non è possibile che il tuo Dio sia amore! Pensa a come ti ha lasciato nelle nostre mani. Tu continui a gridare che Dio è amore, ma in realtà guarda che fine hai fatto...». La notizia di dover andare via, in un primo momento non riuscivo a considerarla come la risposta del Signore che desiderava farmi andare in strada di notte in cerca dei più disperati, bensì come la perdita della forte comunione vissuta quotidianamente che mi sembrava l'unica forza che mi rendeva possibile affrontare il mio calvario con serenità e pace.

Sfinita, mi addormentai per qualche ora. Poi mi alzai per andare al policlinico Umberto I a fare le consuete iniezioni di cortisone dentro gli occhi, ma non riuscivo a comprendere come mai in quel giorno non avessi i soliti dolori fortissimi che ormai da quattro anni mi accompagnavano senza tregua e la vista dopo sette mesi fosse improvvisamente migliorata (era rimasto soltanto un po' di offuscamento, sintomo tipico dovuto all'uso dell'atropina, una sostanza che dovevo mettere negli occhi quotidianamente per tenere la pupilla costantemente dilatata). Dentro di me avevo pensato che forse il Signore mi era venuto un attimo in soccorso poiché ero al limite estremo delle forze e voleva darmi almeno qualche ora di respiro.

Come spesso avveniva, anche in quel giorno prima dell'iniezione il medico mi fece il controllo con uno strumento per guardare il fondo degli occhi. Subito mi accorsi che era rimasto profondamente interdetto e mi disse di attendere. Andò a chiamare un collega e ambedue controllarono la mia cartella clinica, mi chiesero se avessi preso qualche farmaco particolare diverso da quelli prescritti da loro e io risposi di no. Dopo ulteriori confronti con altri colleghi si decisero a interpellare la professoressa Pivetti. Venne, lesse nuovamente la documentazione, mi visitò e poi pronunciò con una certa incredulità queste parole: «La tua malattia è completamente scomparsa, non c'è più. Non abbiamo spiegazioni».

I medici non riuscivano a crederci. Lo stupore era davvero grande fra tutti e io, con il cuore traboccante di gioia, immediatamente ho compreso che era "la" risposta di Dio alla mia semplice preghiera del giorno prima: non ci poteva essere davvero nessun altro tipo di spiegazione. È subentrata in me una nuova pace, insieme con la consapevolezza di essere davvero nelle mani del Signore, in quanto una simile guarigione mai e poi mai me la sarei aspettata, pur avendo grande fede in lui e nei suoi prodigi. Mi sono detta: «D'accordo, qui c'è la firma di Dio. Se lui intende inviarmi tra il popolo della notte, sarà lui a mostrarmi la strada da percorrere».

Nei giorni successivi ho fatto altri controlli e la vista era tornata perfetta, anzi superiore alla norma: undici decimi! Davvero sembrava un sogno incredibile! Secondo la scienza però la spada di Damocle restava sospesa sulla mia testa perché se un'uveite non cronica può essere recidivante (cioè può ripresentarsi), figurarsi un'uveite cronica che in teoria non poteva guarire! Perciò la decisione della responsabile del Focolare in cui vivevo venne confermata: «Non sappiamo quale potrà essere l'evoluzione. Dunque è meglio che ora torni a casa tua, ti concentri sullo studio, concludi l'università e a quel punto, se l'uveite non torna, faremo una verifica». Per loro non era più un'uscita definitiva, ma una sorta di "aspettativa" per permettermi di studiare con dei ritmi meno impegnativi rispetto a quelli del Focolare, mentre io ormai avevo chiaro che il Signore aveva voluto darmi una conferma rispetto alla forte chiamata a immergermi negli inferi del popolo della notte che si era andata facendo strada nel mio cuore sempre più profondamente.

Per laurearmi, avevo ancora qualche esame da superare e poi dovevo preparare la tesi. Ai miei genitori non potevo spiegare quel che era successo veramente. Erano felicissimi per la mia guarigione, ma continuavano a essere preoccupati per il futuro e non mi avrebbero mai permesso di andare per strada di notte. Quindi in quel periodo ho iniziato ad andare qualche pomeriggio al Centro di Villa Glori, dove la Caritas diocesana di Roma aveva accolto i malati terminali di aids, e alla Pantanella, un ex pastificio che era stato occupato da immigrati clandestini ed era divenuto un luogo allucinante.

Sentivo che si trattava di un tempo di preparazione, mi era chiaro che il Signore mi aveva dato dei segni e dunque intendevo incamminarmi gradualmente lungo la strada che lui aveva tracciato per me. Perciò tutto questo primo periodo l'ho volutamente vissuto da sola. Non intendevo coinvolgere nessuno nella mia "follia", che poteva anche far correre seri rischi.

Al Centro della Caritas di Villa Glori andavo senza fare sapere niente ai miei (per non dare loro altre preoccupazioni) e cercavo di stare vicina a quei giovani malati terminali di aids che si sentivano condannati a morte e che attraversavano momenti di disperazione. Per molti di loro è stato soprattutto un accompagnamento spirituale verso l'incontro con Dio. Essendo anch'io passata attraverso una gravissima malattia, riuscivo a creare relazioni molto profonde e immediate, intessute della condivisione di un'esperienza e non di teorie. I nostri erano sempre dialoghi a livello esistenziale, con le grandi domande sulla vita e sulla morte, gli interrogativi sul perché della sofferenza, la condivisione delle tante paure che avevano nel cuore.

Diversi di loro sono morti e li ho accompagnati negli ultimi momenti. In particolare ricordo Filippo, uno dei primissimi ragazzi che ho conosciuto e che iniziò un percorso di conversione molto intenso. Poi però la malattia lo ha colpito al cervello e ho sperimentato per la prima volta l'impatto con il dramma della pazzia, della mente che a un certo punto va in tilt. Comunque aveva intrapreso un bel percorso spirituale di purificazione e quando poi è morto era sereno.

Alla Pantanella facevo incontri molto semplici. Non andavo per evangelizzare, ma piuttosto per farmi carico delle sofferenze e delle problematiche delle persone che vivevano lì. Come poi è avvenuto alla stazione Termini e tutte le altre volte in cui sono andata per strada, non mancava la domanda: «Sei una ragazza, ti rendi conto di quello che rischi venendo qui? Chi te lo fa fare?». A quel punto, raccontando Chi me lo faceva fare, gli incontri assumevano un aspetto anche di evangelizzazione. Ed era bello, perché anche se tanti di loro erano musulmani, provenienti dal mondo arabo, si creavano dialoghi molto profondi su Dio, la gioia vera, la pace del cuore, il senso dell'esistenza.

Dinanzi alla mia risposta – «me lo fa fare Gesù Cristo, perché in lui ho trovato la pienezza della gioia e questa gioia ha resistito anche in situazioni di grave malattia» – li vedevo profondamente incuriositi, si convincevano che si trattava di una testimonianza che era credibile perché ero lì a rischiare la mia vita per farmi carico delle loro difficoltà e sofferenze cercando per quanto possibile di aiutarli. Così mi manifestavano il loro desiderio di saperne di più di questo aspetto fondamentale che animava il mio approccio, la gioia che avevo trovato in Cristo. Io immaginavo di trovare chissà quali difficoltà a dialogare con loro, a entrare in quell'inferno, a superare le tante difese di chi vive in strada e invece il semplice ascolto da parte mia e la condivisione della mia esperienza era come un raggio di sole che scioglieva la muraglia di ghiaccio.

8

Quell'inattesa risposta nella cappella universitaria

Intanto procedeva anche il mio discernimento, nel quale avevo come principali punti di riferimento Graziella De Luca e padre Nazareno Fabretti. In quel periodo Chiara Lubich stava malissimo e si trovava in Svizzera, dunque non era possibile contattarla per avere un suo consiglio rispetto a questa nuova vocazione che sentivo forte nel cuore. Percepivo il desiderio di fare ogni cosa in obbedienza perché, per "immergermi" nell'inferno della strada, volevo avere la certezza di restare ben radicata alla vite: «Io sono la vite, voi i tralci. Chi rimane in me e io in lui, fa molto frutto, perché senza di me non potete far nulla» (*Giovanni* 15, 5). Dopo un periodo di discernimento, il loro suggerimento fu: «Per fare obbedienza, se non trovi qualcuno che già vive questa tua vocazione e che ha esperienza in tal senso, l'unica è rivolgerti a un vescovo che, racchiudendo in sé tutti i carismi, ha la grazia anche per seguire un carisma nuovo».

Eravamo a maggio del 1990, quando faccio una delle mie preghiere un po' folli: «Gesù, tu hai detto che senza di te non possiamo fare nulla, che tu sei la vite e noi i tralci. Io, per poter andare nell'inferno della strada, devo essere legata a corda doppia a te e l'unico modo che conosco è di farlo nell'obbedienza alla Chiesa. Quindi fammi comprendere chi sia questa figura che ti rappresenta, alla quale io possa fare obbedienza». Mancava una settimana alla fine del mese mariano e perciò mi sono affidata anche alla Madonna, dicendole: «Mammina, ti prego, entro la fine di questo mese fammi incontrare la persona a cui io possa obbedire. Un vescovo, oppure qualcuno che vive già questa vocazione, che mi possa confermare che è volontà di Dio il mio desiderio di andare a cercarmi i drogati, le prostitute, i malati di aids, gli alcolisti, i delinquenti, i più disperati... per strada e che possa guidarmi».

Quando ho fatto questa preghiera mi trovavo nell'Università di Roma. Due giorni dopo sono andata nella cappella dell'università per pregare un po' e, nel momento in cui sono entrata, ho visto monsignor Salvatore Boccaccio, il vescovo ausiliare del mio settore, che parlava a un gruppo di giovani. Le parole che stava pronunciando furono folgoranti: «Vedi, questo desiderio di andare a cercare il drogato, la prostituta, il delinquente, l'alcolista, il malato di aids, il carcerato, è il Signore che te lo mette nel cuore. Non devi dubitare». Mi sono bloccata e ho pensato: «Ma sta parlando a me, oppure a quei ragazzi?». Proseguì il vescovo: «Non devi avere paura, è la chiamata di Dio per te e tu devi avere il coraggio di dire il tuo "eccomi". Non devi avere il timore di seguirlo, anche se questo rompe tutti i tuoi schemi».

Una risposta davvero straordinaria, un altro di quei colpi di scena "alla Padreterno" che soltanto lui può combinare. Avevo appena chiesto di poter riconoscere la persona alla quale obbedire in un vescovo (o in una persona che vivesse già quella nuova chiamata che sentivo nel cuore), il quale mi dicesse che la vocazione che sentivo dentro era davvero volontà di Dio, e un vescovo che stava parlando in pubblico pronunciava esattamente le parole che avevo chiesto come conferma. Per cui compresi che il mio vescovo era proprio la persona che il Signore mi aveva messo sulla strada e andai da lui a raccontargli la mia storia. Grande è stato il mio stupore nel sentire il vescovo Salvatore Boccaccio, dopo avermi ascoltato con grande attenzione, pronunciare con solennità queste parole: «Non temere Chiara, vai con la mia benedizione, il Signore ti mostrerà la strada da percorrere. Sono certo che questo desiderio che hai nel cuore viene da Dio, è una nuova vocazione per questi tempi e attraverso di te Dio aprirà una strada nuova. Molti ti seguiranno in questa nuova vocazione!». Credevo fermamente che il Signore ci manifesta e ci conferma la sua volontà attraverso coloro che lui ha scelto come suoi rappresentanti nella Chiesa. Non nascondo però la mia grande difficoltà allora nell'accogliere e comprendere fino in fondo il significato di quelle parole. Pensavo: io desidero soltanto provare a vivere il Vangelo alla lettera, donare totalmente la mia vita a Dio, cercare e amare Gesù crocifisso e abbandonato nei miei fratelli più disperati testimoniando la pienezza della gioia che il Signore ci dona... Una nuova vocazione? Tanti mi seguiranno? Come è possibile? Però certamente è stato per me fondamentale avere un'ulteriore importante conferma dalla Chiesa, attraverso il vescovo, che quanto desideravo vivere, per quanto folle potesse sembrarmi, veniva dal Signore.

Nel luglio del 1990 mi sono laureata in Scienze politiche, indirizzo internazionale, con una tesi sulla cooperazione nei paesi in via di sviluppo dell'Africa sub-sahariana. Difatti le due aspirazioni che mi avevano portata a scegliere questa facoltà erano lavorare nell'ambito del giornalismo, oppure collaborare con qualche Organizzazione non governativa (Ong) impegnata nel Terzo mondo. Già da qualche mese avevo contattato una Ong e avevamo immaginato con i responsabili un progetto in Perú in favore dei ragazzi di strada. Per poter partire però, anche se ero maggiorenne, la Ong richiedeva il consenso dei genitori. Ma a questo progetto mio padre si era radicalmente opposto: «Sei guarita per miracolo e adesso non permetterò che ti vada a distruggere di nuovo come sei capace di fare. In Perú? A lavorare con i ragazzi di strada? Sarai mica impazzita? Non se ne parla proprio!».

Senza il suo consenso scritto non potevo partire per il Perú quindi studiai un'altra ipotesi che mi consentisse comunque di iniziare un rapporto diretto con ragazzi di strada senza far preoccupare inutilmente i miei genitori che già avevano sofferto troppo durante la mia malattia. Alcune amiche a Dublino erano disponibili a ospitarmi nel loro appartamento, cosicché spiegai ai miei genitori che sarei andata in Irlanda per migliorare sul campo il mio inglese. In realtà per me era la possibilità di allontanarmi da casa senza dare spiegazioni che insospettissero troppo, così da poter concretamente iniziare l'esperienza per strada di notte.

In Irlanda sono stata tre mesi, fino a dicembre del 1990, un bellissimo periodo. L'inglese lo avevo studiato abbastanza, ma non avevo messo in conto che per strada si parla nel gergo dello *slang* e dunque c'è voluto il supporto dello Spirito Santo per riuscire a comprendere quello che mi dicevano. Il primo incontro è stato con un francese, Jean, che ho trovato davanti a una mensa nel centro di Dublino dove andavano a prendere un piatto caldo non soltanto i barboni ma anche i ragazzi problematici. Era il primo luogo che mi avevano suggerito, in quanto era particolarmente frequentato da giovani di strada, tossicodipendenti, alcolisti, eccetera.

Ho subito sperimentato che chi vive nel mondo della strada ha un sesto senso, una specie di "istinto animale", poiché è abituato a muoversi nella giungla e per sopravvivere deve riuscire subito ad annusare il pericolo, in quanto chiunque si avvicina lo fa per un secondo fine, che normalmente non è positivo. Nel contempo ha anche la sensibilità per potersi rendere conto di quando qualcuno si avvicina senza nessun secondo fine se non quello di aiutare. Cosicché la mia iniziale preoccupazione – che cosa dirò? Come farò ad attaccare discorso? – già nel primo giorno è subito svanita, perché presto mi sono resa conto che chi vive in strada è profondamente solo e non gli pare vero di incontrare qualcuno realmente desideroso soltanto di essere in qualche modo di sostegno.

Jean parlava soltanto francese e io non ne conoscevo una parola, mentre gli altri parlavano in *slang*. Ciò nonostante si è instaurato un dialogo che andava ben al di là delle oggettive capacità di comunicazione, grazie al linguaggio universale al quale siamo tutti particolarmente sensibili, che è il linguaggio dell'amore. Chi vive per strada, forse perché troppo spesso non ha conosciuto l'Amore, è in grado però di riconoscerlo. È come se, stando nel deserto, a un certo punto vedesse una sorgente e sentisse il bisogno istintivo di avvicinarsi all'acqua per bere.

Jean era il tipico personaggio di strada, con un cappello stravagante, i pantaloni larghi, sporco, ma con un viso furbetto e i capelli ricci e scuri. Io gli ho chiesto: «Che fai di bello?». Lui era appoggiato al muretto della mensa, con un'evidente espressione di sofferenza stampata in faccia, e mi ha guardato come se fossi un'extraterrestre, non riusciva a credere che qualcuno si potesse interessare di lui. Quando ha cominciato a parlarmi in francese mi sono un po' preoccupata: «Stai a vedere che ho beccato l'unico francese in tutta Dublino...». Ma incredibilmente siamo andati avanti a chiacchierare, lui in francese e io in italiano, per più di un'ora.

Mi ha raccontato tutta la sua vita. A causa dei problemi di alcolismo, i Servizi sociali gli avevano tolto da poco la sua bambina, Claire, che aveva avuto da una ragazza con la quale viveva in una baracca alla periferia della città. La piccola aveva però dato una voglia di riscatto alla sua vita: averla persa era una tragedia e adesso avrebbe fatto qualunque cosa pur di ritornare con lei. Poi anche Jean mi ha chiesto di me e io gli ho raccontato a cuore aperto la mia storia, il mio incontro con il Signore e come nel Vangelo avessi trovato quelle perle di luce, quelle risposte di fuoco che cercavo con tutta me stessa.

In lui, ma anche nei tanti altri che avrei incontrato successivamente, mi ha sorpreso il desiderio di sperimentare una comunione vera, nonostante frequentassero un mondo dove si vive al massimo la complicità dello sballo collettivo – ci facciamo un "viaggio" insieme – che però certamente non dà risposta ai veri bisogni del cuore. E poi mi ha colpito l'incredibile sete di Dio che ritrovavo in ragazzi appena usciti dal carcere, che spacciavano e che si stordivano con le più diverse sostanze stupefacenti.

A Dublino è in particolare l'alcol il problema più diffuso, poiché è proprio un'abitudine di molti giovani ubriacarsi nel weekend. Poi con facilità si passa dal divertimento del sabato sera all'alcoldipendenza e alla tossicodipendenza. Lì ho preso consapevolezza della possibilità, anche per ragazzi di buona famiglia e non soltanto di borgata, di cadere facilmente nell'illusione di questi paradisi artificiali che svendono la felicità a basso costo, per ritrovarsi poi nell'ingranaggio perverso di un'avventura all'insegna del «divertiti e fa' ciò che vuoi».

Ho toccato con mano come non mai l'inferno legato alla ricerca ossessiva di felicità e di libertà indotta dalla cultura edonistica, che porta a illudersi che nel piacere si possa trovare la via per la realizzazione di se stessi. In realtà, in questa ricerca esasperata del piacere, ci si ritrova senza neanche accorgersene a prostituirsi, a svendere l'anima, a raccogliere, al posto della felicità tanto cercata, solitudine, disperazione e morte.

È il paradosso di chi si ritrova senza più voglia di vivere, succube della propria libertà che, cercata nel posto sbagliato, imprigiona in un carcere che attanaglia l'anima fino a ucciderla. Per cui si diventa schiavi dell'alcol, della droga, perfino del sesso, che non avevo mai contemplato come una possibile schiavitù. L'avevo infatti sempre visto come un dono bellissimo di Dio, il linguaggio della comunione fra due creature mediante il quale si genera vita, e invece mi sono resa conto che la sessualità disgiunta dall'amore può condurre anch'essa in gironi infernali, portando a subire e infliggendo ferite talvolta peggiori delle pugnalate che puoi dare a una persona perché sei in crisi di astinenza e vuoi procurarti una dose.

Naturalmente mi ero accorta della possibilità che in questi ragazzi scattasse un innamoramento verso di me. Perciò avevo come strategia quella di passare e di sparire, senza mai legare qualcuno a me, perché se una persona si innamora di te rischi poi di farla soffrire e di fare più male che bene. Avevo predisposto una cartina sulla quale erano segnati i diversi centri di accoglienza, strutture per i senzatetto, mense e ostelli: così, a seconda del problema, indirizzavo i ragazzi con cui ero entrata in contatto.

Però lì in maniera forte – e in seguito, ancor più drammaticamente, a Roma – mi sono resa conto che nel nostro modo di fare la carità ci siamo fermati alla facciata esterna, senza comprendere che il Gesù dell'«amatevi come io vi ho amato» non si è limitato a moltiplicare i pani e i pesci, ma si è fatto carico delle nostre sofferenze, si è inabissato nel nostro inferno e ci ha indicato come uscirne. Ho visto con i miei occhi che l'opera caritativa è per lo più assistenziale, nel senso che si limita a offrire un letto per dormire, del cibo per sfamare, e talvolta nemmeno questo.

Ma il vero bisogno di chi si trova per strada molto spesso è un serio e lungo lavoro di accompagnamento in un percorso di guarigione del cuore, di liberazione da dinamiche complesse che imprigionano l'anima. È fondamentale che siano presi per mano e seguiti nella riscoperta della difficile scalata della spiritualità. E in questa direzione c'era proprio il deserto totale: nessuno che si preoccupasse di proporre un cammino spirituale che desse senso alla sofferenza, che rispondesse a quel profondo bisogno di pace, di gioia, di verità, di amore impresso nel cuore di ogni uomo.

Proprio allora ho realizzato quanto forte sia il bisogno di un tipo di carità che non si limiti a "dare un pesce a chi ha fame, ma che insegni a pescare". Così ho cominciato a pensare a un percorso di guarigione interiore, con gli strumenti che ci ha insegnato Colui che è il più grande psicologo che sia mai esistito: Gesù. Per noi cristiani, il dono della fede è una responsabilità forte, poiché non si tratta soltanto di una nozione teorica – io credo che Dio esiste (di fatto anche Satana ci crede!) – ma è l'esperienza dell'Amore di Dio, dei Nuovi Orizzonti che il Vangelo vissuto ci dischiude, dell'incontro con Cristo risorto, un incontro che non può non cambiare la vita.

Se siamo cristiani, noi crediamo niente di meno che quell'uomo straordinario – di cui anche i musulmani, gli induisti, i buddisti hanno una profonda stima – non è soltanto un grande profeta, ma è il Signore della creazione. E se il Signore della creazione, il Verbo di Dio, è venuto ad abitare in mezzo a noi aveva certamente qualcosa di fondamentale da dirci per la nostra esistenza: nelle sue parole troviamo la risposta al bisogno di pace, di felicità, di libertà, di senso, impressi nella nostra anima. Lui ha detto: «Io sono la via, la verità, la vita» (*Giovanni* 14, 6). Purtroppo il più delle volte, pur dicendoci cristiani, non prendiamo affatto sul serio la Parola di Dio e non sperimentiamo quei frutti meravigliosi che scaturiscono dal viverla con radicalità.

I cosiddetti falsi profeti oggi si danno da fare in modo pazzesco per farci credere che quello che il nostro cuore cerca lo troveremo nel sesso, nella droga, nel successo, nel denaro, nel potere. Certamente ci sono anche fortissimi interessi economici che fomentano questo lavaggio del cervello. Testimoniare la fede non è dunque un optional, ma è una responsabilità di cui rendere conto. La fede non può essere qualcosa di disincarnato dalla nostra vita quotidiana, perché è una risposta molto concreta a quelli che sono i grandi interrogativi dell'esistenza.

Soltanto l'esperienza dell'incontro con Cristo risorto ci può far passare dalla morte dell'anima alla pienezza della vita; solo lui può fasciare le piaghe dei cuori spezzati, sanare le ferite più profonde. Più raccoglievo le lacrime di questi giovani e più mi accorgevo che ci sono ferite del cuore talmente profonde che nessun uomo, nessuna psicoterapia, nessun medico è in grado di guarire. L'impressione più bella di quei giorni era che, nella misura in cui io ripetevo a Colui che può tutto: «Signore, opera tu mediante questo niente che sono io», accadeva come se quel medesimo Gesù – che duemila anni fa camminava fisicamente per le strade della Palestina e operava miracoli e prodigi – passasse in quegli inferni e sotto i miei occhi operasse cose straordinarie. Avevo proprio la sensazione di vedere persone che, dopo essere state imprigionate per anni con catene indistruttibili, venivano riportate alla libertà.

Le mie amiche lavoravano durante il giorno e non le coinvolgevo in ciò che facevo. Mi limitavo a condividere con loro il racconto della mia esperienza, che le incuriosiva e le sorprendeva. Però, anche se una di loro aveva provato a chiedermi di potermi accompagnare, non mi prendevo la responsabilità di portare con me nessuno, perché non me la sentivo di far correre pericoli ad altri. Anch'io intanto lavoravo, traducendo dei manuali dall'inglese all'italiano, e cercavo anche in questo modo di perfezionarmi nella lingua.

Dall'Irlanda mi sono portata dietro le tante lacrime raccolte in quelle intense giornate e nottate, ma anche la gioia di aver visto che ogni lacrima che raccogli, se la riconsegni a Dio che è l'Amore, risplende di luce nuova. È come l'immagine dell'arcobaleno, composto di tante goccioline che, raggiunte dalla luce del sole, si trasformano in un ponte di colori fra cielo e terra. Ugualmente tutte queste lacrime, riconsegnate al Signore e scaldate dal sole del suo amore, diventano misteriosi arcobaleni che colorano di cielo le notti infernali di tanti giovani.

Ognuna di quelle storie mi ha segnata in profondità. Ogni incontro era un inferno che si apriva, un mondo che si dischiudeva, un baratro nel quale entrare in punta di piedi, ma anche la contemplazione di qualcosa di bello che avveniva: fosse solo il riaccendersi della speranza, un desiderio nato dal nulla di voler riscoprire la possibilità di una vita in pienezza. È un'esperienza che mi ha arricchita e che al termine non mi ha fatto sentire la lacerazione del distacco, poiché con tutti si sono creati dei rapporti bellissimi di comunione profonda che appartengono totalmente alla mia storia.

9

La discesa negli inferi dei sottopassaggi di Termini

Al rientro a Roma cominciai a pormi il problema di come continuare quella esperienza poiché, restando a casa con i miei genitori, ero certa che loro non avrebbero mai accettato le mie uscite notturne. Ebbi la possibilità di andare ad approfondire, presso il Ceis di don Mario Picchi, la mia formazione nel campo del recupero dalla tossicodipendenza. Juan Corelli era il manager del Ceis e, sentendo qualcosa della mia storia, decise di fare un'eccezione: non mi fece passare attraverso tutto il periodo di formazione, ma decise di farmi subito lavorare in un nuovo progetto per gli adolescenti.

Mamma e papà furono molto contenti di sapere che andavo a lavorare da don Picchi, un sacerdote che godeva della loro stima. D'altronde era sempre in sospeso la possibilità che rientrassi nel Focolare, anche se per me ormai era chiaro che c'era stato tutto un lavoro di Dio per farmi comprendere la nuova chiamata all'interno della precedente vocazione. Anche nel discernimento che continuavo a fare con i miei responsabili emergeva un disegno del Signore che andava ben oltre la mia povera persona.

Nel mio lavoro al Ceis seguivo numerosi ragazzi che

avevano avuto un primo approccio con la droga, senza però conoscere ancora quanto terribile sia l'inferno nel quale, con il passare del tempo, si resta imprigionati. La maggior parte di loro vivevano ancora quel periodo che alcuni tossicodipendenti chiamano la "luna di miele", poiché si ha la sensazione che la droga, soprattutto l'eroina, offra tutto quello che si cerca, dia un senso di benessere incredibile eliminando ogni sofferenza fisica e psichica, risolva ogni difficoltà relazionale al punto che tutti appaiono amici... Cercavo soprattutto di far capire loro l'inferno che li aspettava, se avessero deciso di continuare, perché la maggior parte di loro ancora non lo aveva conosciuto.

Nel frattempo, la salute era tornata perfetta. Quello successivo alla guarigione degli occhi è stato un periodo della mia vita nel quale sono stata veramente bene e per circa un anno non ho avuto più nessuno dei sintomi che per troppo tempo mi avevano sfibrato. Poi, facendo di nuovo una vita da matta, ho ricominciato a stare male, ma per altri motivi. Se prima si parlava di uveite cronica e della sindrome di Bechet, in seguito si è parlato della sindrome di affaticamento cronico che tuttora mi accompagna (risultato dei ritmi impossibili che ho iniziato a sostenere sistematicamente), insieme alla sindrome fibromialgica e a tutta un'altra serie di problemi di salute.

L'impegno nel Ceis mi portava nella zona delle Capannelle, quasi all'altro capo di Roma rispetto al quartiere di Monte Sacro dove abitavo con i miei, e ogni giorno ci voleva un'ora in macchina per arrivarci. Mi è stato perciò facile convincerli che la cosa migliore fosse andare a vivere a casa di alcune amiche sulla via Appia.

Così la versione ufficiale era che andavo a lavorare in questo Centro, un'affermata comunità internazionale dove si portavano avanti progetti pilota in Europa, e vivevo con delle mie amiche stimate dai miei genitori. Niente di cui preoccuparsi!

E invece, subito dopo essermi trasferita nel febbraio del 1991, oltre a lavorare di giorno al Ceis, ho iniziato ad andare di notte alla stazione Termini nei sottopassaggi della metro. Il primo impatto è stato terribile, con tutto che ero già stata in strada e mi ero un po' "abituata" a questo mondo.

La prima notte in cui sono andata alla stazione ho avuto l'impressione di scendere in un girone infernale. La zona superiore e gli spazi esterni erano frequentati da senza fissa dimora e da ragazzi con problemi, però era come il "purgatorio". Si vedevano situazioni di disagio, ma c'era anche un bel gruppo della carità che addirittura faceva i turni per garantire una certa assistenza: i volontari della comunità di Sant'Egidio, le missionarie di Madre Teresa, la Caritas, diverse parrocchie, varie associazioni. Nei sottopassaggi c'era invece un altro mondo, una zona nella quale gli "addetti ai lavori" sapevano bene che era meglio non andare. Ho gettato uno sguardo e mi sono resa conto che i ragazzi che scendevano laggiù erano quelli più distrutti. Per cui ho pensato: "L'inferno è là sotto, devo andarci". Ora alla stazione Termini hanno costruito negozi dappertutto ma in quel tempo nei sottopassaggi c'era davvero l'inferno.

Sapevo che quel tipo di scelta mi avrebbe fatto correre tanti rischi, poiché i vari giovani impegnati alla stazione mi avevano subito avvertito che andare in quelle zone era davvero troppo pericoloso. Poi una ragazza...

neanche a pensarci! Non immaginavo soltanto di poter essere uccisa, anzi questa poteva essere la soluzione migliore: sarei morta martire, per la gloria di Dio, e magari così avrei forse potuto "strappare" un posticino in Paradiso. Ma in quegli ambienti era molto più facile subire violenze di ogni tipo e questa consapevolezza mi causava una forte paura: scendere in certi sottopassaggi voleva proprio dire andarsela a cercare.

Uno dei volontari della Caritas, che mi stava spiegando le tipologie delle varie aree della stazione, mi ha guardato e ha intuito: «Non è che starai pensando di andare là sotto, vero? Levatelo proprio dalla testa, è una follia! Non ci pensare nemmeno, è pericolosissimo». Non me l'avesse mai detto! Non era il gusto del pericolo, ma piuttosto la spinta della vocazione, più forte della paura. La mia vocazione era la "discesa agli inferi" e, se l'inferno era lì sotto, dovevo andarci.

Appena questo volontario mi ha salutato per andare a offrire un panino a un barbone nella piazza della stazione Termini, io ne ho approfittato per andare a vedere cosa ci fosse "al piano di sotto". Già a metà delle scale ho dovuto ammettere che aveva proprio ragione. Subito ho pensato: "Se scendo qualche altro scalino non potrò uscire incolume da lì!". Perché la prima scena che ho visto era di alcuni ragazzi che si stavano prendendo a bottigliate, tutti sanguinanti e ubriachi, e un paio di loro avevano già tirato fuori i coltelli. Da un lato c'era un ragazzo steso a terra, immobile, che non si capiva se fosse morto oppure se avesse un collasso da overdose. E lì mi sono detta: «Quel ragazzo forse sta morendo e allora devo andare a vedere».

Ho pregato intensamente per prendere un po' di coraggio e poi sono andata di corsa verso di lui per verificare se potevo fare qualcosa. La sensazione era di trovarmi in uno dei gironi che si studiano nella *Divina Commedia*, oppure in una sceneggiatura di Dario Argento. C'era un'atmosfera surreale, un po' per le luci al neon, con zone in penombra, un po' per questi personaggi che sembravano davvero usciti da un film: uno sanguinante, l'altro col coltello, altri tutti tatuati con evidenti cicatrici, ragazze drogate che si prostituivano... Mi sono accovacciata vicino al ragazzo steso per terra e in quel momento per fortuna ha riaperto gli occhi: il suo fisico aveva retto all'overdose. Mi ha detto che si chiamava Angelo e ha iniziato a raccontarmi la sua vita, come se ci conoscessimo da sempre. Era stato in una comunità del Ceis ed era uscito una prima volta dalla droga, ma poi gli era arrivata la notifica di alcuni carichi pendenti da scontare e in galera era ricascato nel tunnel. Da qualche mese era uscito dal carcere, non aveva casa né lavoro, i suoi genitori erano morti e dei suoi fratelli uno viveva all'estero e l'altro era in carcere anche lui. E quindi era costretto a vivere in strada, dove costantemente giravano cocaina ed eroina. Per di più la sua ragazza, che con tutta probabilità era incinta (doveva fare la visita di verifica), aveva delle crisi di epilessia che le venivano all'improvviso, e lui non sapeva come fare per curarla e per proteggerla. Il fatto di non poterle garantire un tetto e un'assistenza medica, di non poter essere un padre per il possibile figlio in arrivo, l'aveva mandato letteralmente in tilt.

L'incontro con Angelo mi ha segnato moltissimo, poiché per l'ennesima volta ho provato il profondo dolore dell'impotenza nel non poter fare granché per queste persone. Lui aveva bisogno di un lavoro e di una casa, ma io in quel momento non ero in grado di dare risposte concrete. Ero armata della mia mappa con gli ostelli, i centri di accoglienza, le mense, ma sembrava impossibile trovare un luogo dove potesse essere accolto insieme alla sua ragazza epilettica e incinta.

Quando, due sere dopo, sono tornata alla stazione, l'ho incontrato nuovamente. Aveva un pacchettino in mano, mi è corso incontro e mi ha detto: «Sono due giorni che ti cerco, questo è un regalo per te». Io mi sono stupita: «Non hai un soldo, come mai questo regalo?». E lui: «Tu non lo sai, ma l'altro giorno mi hai salvato la vita. Quando sei arrivata, mi ero appena ripreso dalla quarta overdose in due giorni perché avevo deciso di farla finita e di spegnermi per non dover affrontare questo mondo così terribile. L'aver incontrato una persona come te, che si è fermata per più di un'ora ad ascoltare un disperato come me, mi ha fatto comprendere che – se ci fosse anche solo una persona sulla terra come te, disposta a spendere il suo tempo ad ascoltare ragazzi come noi – vale ancora la pena vivere. E poi quella gioia che ho visto nel tuo sguardo... ora so che esiste anche su questa terra. Voglio trovarla anche io!». E mi ha mostrato la scritta che aveva disegnato su un muretto della stazione prima di tentare per l'ennesima volta il suicidio, un grido che voleva lasciare perché chiunque fosse passato nel posto in cui aveva deciso di farla finita con una forte overdose la potesse leggere: «Nonostante la vostra indifferenza, noi esistiamo!».

Quella frase mi è entrata come una spada nel cuore, poiché è stato come se per la prima volta avessi realizzato quanto l'indifferenza uccide, mentre un semplice ascolto può portare una persona disperata a decidere di non ammazzarsi. Aver toccato con mano che Angelo aveva cambiato la sua decisione di morte in una decisione di vita è stata l'ancora alla quale mi sono aggrappata in tanti momenti in cui lo scoraggiamento, la paura, la fatica di continuare a raccogliere quelle strazianti grida di dolore, con la sensazione di potere fare ben poco, mi avrebbero portata a fermarmi.

Un paio di settimane più tardi, intorno alle tre di notte, rientravo in motorino verso casa dopo aver avuto in stazione diversi incontri molto forti e profondi. Il timore – perché nei primi giorni ce n'era sempre un po' – si era finalmente dileguato, quando a un tratto un tizio alla guida di un furgoncino ha iniziato a tallonarmi e a stringermi verso il bordo della strada. Mi sono girata verso di lui e ho visto un uomo robusto che nello sguardo mostrava intenzioni tutt'altro che buone. In quel momento ho avuto veramente paura. Ho provato a svicolare, ma il furgone era più veloce e non riuscivo a seminarlo. A un certo punto ho provato ad affrontarlo, mi sono fermata di lato e gli ho chiesto: «Stai cercando qualcosa?». E lui, con voce ironica e tutt'altro che rassicurante: «Be', tu che pensi che sto cercando? Indovina un po'!». Ho ricominciato a fuggire, facendo finta di non tener conto di quello che lui aveva detto, e intanto pensavo a quanto fosse da matti per una ragazza andare in giro di notte da sola in quel modo, sperando che non succedesse niente.

Nel momento stesso in cui ho fatto questo ragionamento mi sono risposta: «Ma no, io non sono da sola. Il Signore è qui con me e io devo aver fede che lui mi protegge». Allora ho iniziato a cantare ad alta voce dei canti di preghiera quasi per darmi forza, per sentire la presenza del Signore con me. A quel punto il tipo losco si è riavvicinato cercando definitivamente di bloccarmi e io gli ho detto: «Guarda, se ho capito bene quello che tu stai cercando, mi sa che hai trovato la persona sbagliata perché io ho consacrato la mia vita a Dio». Non scorderò mai la reazione di questo tipo: da una faccia cattiva e perversa, ha cambiato improvvisamente espressione, come se gli fosse arrivato un pugno allo stomaco e la notizia più incredibile dell'universo.

Non saprei dire che cosa gli sia successo in quell'attimo. Comunque ha inchiodato il furgone e mi ha replicato: «Ma ho capito bene?». «Sì, sì. Io ho consacrato la mia vita al Signore.» Mi ha guardato con uno sguardo incredulo, sorpreso e un po' impaurito. Poi me ne sono andata e lui mi ha inseguita nuovamente, è sceso dal furgone a mani alzate come a far vedere che era disarmato e che non dovevo temere niente. Mi ha detto: «Ti prego, fermati solo un attimo. Ti giuro che non ti faccio del male». Mi sono fermata e lui balbettando ha proseguito: «Scusa, avevo delle intenzioni terribili nei tuoi confronti. Perdonami. Ma davvero tu hai consacrato la tua vita a Dio? Come è possibile? Una bella ragazza come te... Non ci posso davvero credere!». Ci siamo messi a parlare, in mezzo alla strada di notte, e lì ho visto che effettivamente il Signore mi proteggeva nella maniera più incredibile che si potesse immaginare. E anche quella volta grazie a Dio (è proprio il caso di dirlo) me la sono cavata e ne sono uscita sana e salva, anzi con un lupo in più che all'improvviso si era incredibilmente trasformato in agnello.

Qualche settimana dopo mi è capitato un altro episodio che mi ha scossa in profondità, facendomi comprendere ancora di più gli effettivi rischi che correvo. Mirko, un giovane che avevo incontrato più volte alla stazione, mi aveva raccontato tutta la sua storia e mi aveva chiesto aiuto per uscire dal mondo della droga. Mi ero informata al Ceis per vedere se riuscivamo a trovare una via veloce per farlo entrare, dato che c'erano file d'attesa di mesi, e quella sera ero arrivata lì per dargli la bella notizia che avevo trovato una disponibilità. Appena mi ha visto, mi è corso incontro tutto contento e mi ha abbracciato. Non ho fatto a tempo a dirgli che avevo trovato la comunità, quando è arrivata una ragazza che sembrava una belva umana e che ha iniziato a bestemmiare, a urlare, a lanciare il carrello portavaligie verso il muro. Mirko mi ha guardato preoccupatissimo e mi ha detto: «Non posso spiegarti, devo andare». Si è diretto verso questa ragazza e lei ha cominciato a dirgliene di tutti i colori continuando a gridare come una matta.

Intanto mi ero accorta che a poca distanza c'era un ragazzo per terra in overdose e sono andata a soccorrerlo. D'un tratto, nel rialzarmi cercando aiuto, mi sono resa conto che quella stessa ragazza che era arrabbiatissima con Mirko stava avventandosi contro di me con un coltello. Mentre stavo realizzando che ero fritta, perché si era scaraventata su di me puntandomi il coltello alla gola, un "marcantonio" l'ha presa al volo e di peso l'ha portata via mentre lei continuava a dimenarsi inveendo contro di me: «Io ti sgozzo, se ti rivedo ti sgozzo come un maiale. Non farti mai più vedere da queste parti perché ti massacro». Con gli occhi iniettati di sangue continuava a gridare e a minacciarmi mostrandomi il suo coltello. Dopo un po' Mirko è tornato per spiegarmi che quella era la sua ragazza e che era fuori di testa per le troppe pasticche prese mischiate all'alcol. Non potevo capire perché volesse uccidere proprio me se neanche la conoscevo. Mirko mi ha spiegato che era a causa della gelosia. L'ultima volta che lei aveva visto Mirko lui stava parlando con me, poi a causa di una retata lui era finito in carcere per due giorni e lei non aveva avuto nessuna sua notizia. Lui appena rilasciato era tornato alla stazione e mi aveva incontrato nuovamente così che quando lei ci aveva visti parlare si era immaginata che io le avevo rubato il ragazzo e che Mirko era sparito due giorni perché era stato con me. Fatto sta che, per un equivoco, per un attimo non sono stata accoltellata alla gola.

Nel frattempo ho fatto un'incredibile scoperta: il "marcantonio" che era intervenuto tempestivamente salvandomi la vita e che io non sapevo nemmeno chi fosse, era uno degli scagnozzi di un boss della zona, il quale aveva dato incarico ai suoi di proteggermi a turno. La singolare direttiva era dovuta al fatto che mi avevano preso a benvolere poiché si erano accorti del mio impegno in favore di quanti erano malvisti e rifiutati da tutti. E, mio malgrado, avevo così scoperto che anche in quell'inferno avevo degli "angeli custodi" in carne e ossa proprio tra i più delinquenti... Ironia della sorte!

Rientrata a casa, passai comunque la nottata piuttosto scossa e in crisi, dicendomi: «Anche la prudenza è una virtù. Forse sto esagerando... in due occasioni me la sono scampata per un pelo. Magari devo rassegnarmi a stare nella zona superiore della stazione, dove c'è il mondo del volontariato e si corrono meno rischi». Poi però mi sono ricordata della parola di Gesù: «Questo è il mio comandamento: amatevi come io vi ho amato. Nessuno ha un amore più grande di chi dà la vita per i propri amici» e immediatamente ho fatto l'esperienza che l'amore è più forte del timore della morte. Gesù sapeva che non avrebbe avuto un «grazie» da quelle medesime persone che una settimana prima erano lì a dirgli: «Osanna, figlio di Davide». Ma, anche per amor mio, ha deciso lo stesso di morire e poi ci ha invitati ad amare come lui: quella era la misura che ci aveva insegnato versando il suo sangue per amore nostro e io volevo mettercela tutta per vivere con radicalità il Vangelo. Ho pensato che, se il costo fosse stato di morire accoltellata, si sarebbe trattato di sangue versato per la salvezza di quei giovani e per rispondere all'Amore di Gesù, dunque ne sarebbe valsa la pena.

Di quella notte ricordo la consapevolezza che ciò che stavo facendo non era un'incoscienza fine a se stessa, ma una "santa" incoscienza che si era impressa nel mio cuore guardando il mio Signore che si è fatto sfigurare per strapparci dagli inferi. A quel punto le lacrime e le grida di quanti si trovavano nell'inferno già sulla terra mi erano talmente entrate in profondità che, anche di fronte al rischio della morte, non riuscivo a dire: «Voi restate lì e io cercherò di aiutarvi dal Ceis, al quale voi probabilmente non arriverete mai» (al Ceis arrivavano infatti per lo più ragazzi portati dai genitori, non quelli che vivevano nell'inferno della strada). Di fatto, occorrevano sei mesi di centro diurno con l'accompagnamento dei familiari prima di poter entrare in una delle comunità del Centro in cui lavoravo. Si trattava di un percorso impossibile per la maggior parte dei ragazzi che incontravo di notte nei sottopassaggi della metro, che dormivano in strada e non avevano una famiglia su cui poter contare.

Ho perciò come sentito dentro di me la richiesta di Gesù: «Sei pronta a dare la vita per questi tuoi fratelli?». E nonostante in quella notte avessi provato una forte paura ho avvertito con chiarezza che il "popolo della notte" era ormai la mia nuova famiglia. Il loro grido aveva trafitto il mio cuore troppo profondamente... Non potevo e soprattutto non volevo più tirarmi indietro.

10

A Medjugorje la conferma di una nuova comunità

Anche le amiche con le quali abitavo sapevano poco di ciò che facevo. Siccome mi volevano molto bene, cercavo di non farle preoccupare. Al rientro sgusciavo nella mia stanza il più silenziosamente possibile. Già il fatto che andassi alla stazione era per loro una preoccupazione, per cui evitavo che conoscessero i dettagli più sconvolgenti. Semmai raccontavo le cose belle che accadevano: i ragazzi che decidevano di iniziare un percorso in qualche struttura di accoglienza, i dialoghi che intessevo con quelli più in difficoltà, le testimonianze di speranza che raccoglievo.

Nella quotidianità di Termini non trovavo unicamente i giovani tossicodipendenti. Accanto a loro c'era tutto il mondo della prostituzione-schiavitù, dell'immigrazione clandestina, della devianza. In particolare ero impressionata dagli incontri con tante ragazze africane o dei paesi dell'Est, attirate con la promessa di un lavoro onesto come colf o badanti, speranzose di poter aiutare economicamente la loro famiglia d'origine e poi private del passaporto e imprigionate come in un incubo nel "girone" della prostituzione.

Dopo un po' di tempo che mi recavo in strada di

notte ho cominciato a pensare che c'era la necessità di andare oltre nel trovare risposte concrete ai bisogni di questa che era divenuta la mia nuova famiglia. Perché è vero che alcuni ragazzi riuscivo a indirizzarli in comunità, ma tanti altri li ritrovavo per strada dopo la fuga da strutture nelle quali non avevano trovato una forza che riuscisse ad aiutarli a liberarsi definitivamente dalle piovre infernali che li avevano imprigionati.

A chi non si è mai infilato nel girone delle dipendenze può sembrare assurdo che qualcuno svenda la propria gioventù per la droga o per l'alcol. Ma di fatto il sogno di ogni essere umano è di fuggire in qualche modo dalla sofferenza. E per quanto la droga poi riproponga la sofferenza a dosi decisamente superiori rispetto a ciò da cui si voleva fuggire, in un primo momento sei catturato dall'illusione che la droga possa liberarti da ogni tipo di dolore. Perciò, se non si riesce, grazie a un profondo percorso spirituale, a dare un senso al dramma della sofferenza e a trovare le risorse per affrontarla e viverla positivamente, l'ex-tossico che rientra in società rischia di non ricordare tanto l'inferno in cui era stato condotto dalla droga, quanto la sensazione che drogandosi sentiva scomparire qualunque tipo di sofferenza del momento.

Per molti è una trappola mortale. Di fronte al nuovo impatto con il dolore, se non c'è nell'animo una risposta al grande mistero della sofferenza e un atteggiamento diverso nell'affrontarla, è veramente difficile non ricadere. Dunque toccavo con mano che il problema non era tanto uscire da certi circoli viziosi, quanto non ricaderci. E più incontravo giovani che erano usciti e poi ricaduti, più mi rendevo conto che per non ricadere era assolutamente necessario fare un percorso spirituale capace di portare a un'esperienza che dischiudesse nuovi e meravigliosi orizzonti: l'incontro con Cristo risorto che ha preso su di sé ogni nostra sofferenza per rendere leggera e dolce ogni nostra croce, che ha preso su di sé la morte e l'ha sconfitta per donarci di vivere già su questa terra la pienezza della sua gioia.

Alcuni di loro lo avevano compreso e mi chiedevano dove poter vivere questa esperienza, ma io non avevo un posto dove portarli. Anche al Ceis, una delle comunità con il programma di recupero dalla tossicodipendenza più completo a quei tempi, non era previsto alcun percorso di spiritualità, nonostante il responsabile fosse don Picchi, un sacerdote. A un certo momento mi sono trovata dentro una vera e propria crisi di coscienza poiché, andando in stazione, avevo l'impressione di incontrare gente morsa da un serpente velenoso cui ci si limitava a offrire antidolorifici, ma non il siero che li avrebbe salvati.

Sul finire del 1992 questo grido dei miei fratelli aveva trafitto così profondamente il mio cuore che sentivo l'urgenza di trovare il modo per dare risposte più concrete. Avevo pensato di aprire una comunità dove proporre ai ragazzi che incontravo in strada un percorso di guarigione del cuore basato sul Vangelo, ma questa idea mi sembrava alquanto impraticabile e pericolosa. Va bene andare di notte a incontrare i ragazzi di strada, ma addirittura trovare una casa dove viverci insieme? E poi dove avrei trovato i soldi per mantenerli e la struttura per accoglierli? Avevo provato a cercare una casa da prendere in affitto, ma i proprietari appena sapevano che avrei voluto accogliere ragazzi di strada si tiravano indietro... Così mi è sgorgato un desiderio nel cuore: «Io non so più che strada percorrere. L'unica è andare da Maria e consegnare a lei questo grido del popolo della notte, tutte le lacrime raccolte. Lei è una mamma, mi aiuterà a comprendere cosa fare». Ho deciso allora di prendermi qualche giorno di preghiera e di recarmi in un santuario mariano.

In realtà, qualche anno prima un mio amico mi aveva raccontato con entusiasmo dei pellegrinaggi che lui aveva fatto a Medjugorje e che aveva anche cominciato a organizzare. Io non vedevo nulla di contrario al fatto che la Madonna potesse apparire ancora. Anzi pensavo che una mamma non può non essere preoccupata per i suoi figli in un tempo come il nostro, e dunque mi sembrava una cosa abbastanza normale che il Signore si inventasse questa strada per arrivare a tanti attraverso Maria. Però non avevo mai sentito il desiderio di andarci, semplicemente perché vivevo comunque una forte comunione con la Madonna, per cui non percepivo l'utilità di andare fino a Medjugorje. E invece, per la prima volta, ho sentito come una chiamata, un forte desiderio nel cuore di recarmi proprio lì. Era però in corso la drammatica guerra nella ex Jugoslavia e dunque non sembrava il momento più adatto per quel viaggio.

Proprio in quei giorni, un pomeriggio di metà dicembre, mentre camminavo per strada, ho incontrato un amico che ha cominciato a parlarmi di Medjugorje, poiché aveva letto un libro sui veggenti. Una coincidenza che mi ha fatto pensare. Il giorno dopo ho incontrato un'altra persona e anch'essa mi ha chiesto se io credessi o no a quelle apparizioni. Giunta al lavoro, una collega del Ceis, senza sapere niente di questo nuovo desiderio che si era appena affacciato nel mio cuore, mi ha detto: «Sai che la mia vicina di casa organizza un pellegrinaggio a Medjugorje per Capodanno? Perché non ci andiamo anche noi?». Mi ha colto decisamente di sorpresa anche perché non avevo mai parlato di queste apparizioni con lei. A quel punto ho pensato che davvero il Signore mi volesse catapultare qualche giorno a Medjugorje. Per di più, il fatto che fosse un viaggio organizzato mi ha fatto anche pensare che non ero l'unica matta a volerci andare. Poi mi sono detta: è vero che Maria è presente ovunque, ma se da più di dieci anni la Vergine sta apparendo a sei ragazzi di un paesino della Bosnia Erzegovina, allora si tratta di un evento degno di ogni attenzione, vale la pena verificare di persona se è vero e quali sono i messaggi che sta dando.

Così la settimana prima di Natale abbiamo fatto la prenotazione e il 30 dicembre siamo partite per Spalato e quindi con il pullman fino a Medjugorje. Con me era venuta anche Loredana, che poi diventerà compagna di viaggio di tutta l'esperienza di Nuovi Orizzonti. Allora era un'assistente sociale del Ceis che faceva parte del movimento dei Focolari ed era stata la prima, avendo saputo che io andavo in strada, a chiedermi di poter venire anche lei, ma le avevo sempre detto di no perché sapevo bene che era qualcosa di troppo rischioso e non mi sentivo di prendermi la responsabilità che qualcuno, per venirmi dietro, corresse dei gravissimi rischi.

Più volte, lungo il percorso dissestato nelle strade della ex Jugoslavia, ci hanno bloccati i militari con i fucili, si sentivano spari dappertutto e non è stata una passeggiata. Devo confessare che la prima volta che hanno fermato il pullman e sono saliti degli uomini armati ho provato una paura considerevole. Pensavo che magari avrebbero potuto rapire qualcuno di noi oppure spararci. Avevo sentito diversi racconti sugli episodi di una crudeltà davvero efferata che caratterizzavano quella guerra. Subito mi sono detta: «Certo che sei proprio incosciente! Non ti bastava rischiare la vita di notte nei luoghi più rischiosi di Roma? Tra tanti posti di preghiera che potevi scegliere per ricaricarti un po', proprio in mezzo alla guerra dovevi venire? Possibile che ti vai sempre a cercare con il lanternino le situazioni più pericolose?...». Quando mi sono resa conto che si trattava solo di un controllo da parte di alcuni militari ho tirato un respiro di sollievo. Quindi, ai successivi controlli, anche se il cuore batteva sempre più forte e non mancava ogni volta un po' di suspense, ho cercato di affrontare la situazione con una certa ironia, scherzando con Loredana sulla nostra folle incoscienza.

Anche a Medjugorje si respirava un'atmosfera di guerra, sebbene i combattimenti non fossero arrivati in quel paesino. C'erano stati dei tentativi di lanciare una bomba sulla chiesa di Medjugorje ma diverse volte delle fitte nubi lo avevano impedito. Si vedevano nel cielo i bagliori delle bombe e si udivano i boati, gli spari. Gli organizzatori del pellegrinaggio erano molto legati a Medjugorje: già da anni si recavano lì con una certa frequenza, cosicché, anche a motivo dell'assenza di altri pellegrini impauriti dalla guerra, abbiamo potuto vivere intensamente quelle giornate. Io le ho trascorse pregando dalla mattina alla sera con una profondità particolarissima e proprio lì, nel bel mezzo di una guerra, ho provato una pace così intensa nell'anima che è difficile da spiegare a chi non l'ha provata in prima persona.

Andavamo sulle colline delle apparizioni a pregare, sul Podbrdo, sul Krizevac. Faceva un freddo glaciale, però ero talmente presa dalla preghiera che ero capace di restare immobile per ore in mezzo a quel gelo, senza difficoltà. Mi sembrava di trovarmi in un'altra dimensione, tant'è che Loredana racconta quei giorni con il suo senso dell'umorismo e dice che mi guardavano come se fossi su una nuvola, dove non riusciva a raggiungermi nulla. Si dicevano fra loro: «E adesso chi la riporta giù? Dai chiamala tu!», «Nooo... chiamala tu! E perché io?». Io stavo per ore in preghiera e loro, sulla collina delle apparizioni, morivano di freddo e non sapevano chi dovesse chiamarmi, poiché non volevano disturbarmi. Io perdevo completamente la cognizione del tempo e quindi cercavano di resistere il più possibile anche loro, fino a quando qualcuna non si decideva a chiamarmi per dirmi che dovevamo scendere a valle.

Ho trascorso a Medjugorje solo quattro giorni ma sono stati davvero intensi. Nell'albergo in cui eravamo ospiti non c'era la luce, le finestre erano rotte ed entrava un'aria ghiacciata, non c'era il riscaldamento a causa della guerra, quindi si moriva di freddo. La notte era difficile chiudere occhio perché appena ti addormentavi – cosa già difficilissima a causa del gelo – interveniva prontamente uno sparo a svegliarti. Non c'era niente: né bar, né negozi, né luoghi da visitare, eppure mi sembrava di essere in un posto stupendo. Intorno a me c'era freddo, guerra, desolazione, povertà ma io avevo la sensazione di vivere un pezzetto di Paradiso. Il mio cuore era traboccante di una pace profondissima, difficile da esprimere, e sentivo una forza nuova. Niente mi faceva paura.

Il giorno di Capodanno sono stata invitata all'apparizione che avveniva nel coro della chiesa, dove c'erano pochissimi posti. Mi ero preparata con molta preghiera. C'era in me la sensazione della sacralità del momento in cui la Regina del cielo e della terra, la Madre di Dio, si sarebbe resa presente in maniera tangibile ai veggenti e in maniera spirituale a tutti noi presenti. Quando è iniziata l'apparizione, con i veggenti che di colpo si sono inginocchiati e sono entrati in estasi, non ho certo visto Maria, però ho sentito una profonda consapevolezza interiore della sua presenza. Percepivo come non mai con i sensi dello spirito una presenza fortissima della Madonna, una certezza interiore che davvero era lì. È veramente impossibile spiegare con le parole ciò che ho vissuto.

In quel momento ho avvertito una luce nell'anima e si è impresso a fuoco con una chiarezza unica ciò che doveva essere la nuova comunità che avrei fondato, di cui non avevo ancora alcuna idea, e quali sarebbero dovuti essere alcuni scopi e caratteristiche: «Portare l'amore a chi non ha conosciuto l'amore, portare la luce a chi è nelle tenebre, portare la vita a chi è nella morte, portare la pace e l'unità là dove c'è angoscia e solitudine, portare il paradiso della comunione con Dio a chi vive l'inferno della separazione da Dio».

E poi ho avvertito la certezza che il Signore avrebbe suscitato un "esercito" che avrebbe fatto risplendere la luce in mezzo alle tenebre, tantissimi peccatori incalliti che avrebbero donato la loro vita a Dio e che sarebbero diventati suoi testimoni. Era tale la certezza nel mio cuore che era come se ne vedessi la concretizzazione, come se questa cosa umanamente inconcepibile fosse già realizzata. Ho compreso che a Dio niente è impossibile e che dovevo davvero abbandonarmi completamente a lui, fidarmi di lui mettendo da parte ogni logica umana. Dio è Amore e il dono più grande che lui ci ha fatto è la libertà. Noi possiamo in ogni istante decidere di dire il nostro sì o il nostro no, ma ogni sì ci dischiude nuovi "pezzi di Cielo" e ogni no ce li preclude.

Ho sentito che questa nuova comunità che il Signore avrebbe suscitato doveva avere come modello le comunità dei primi cristiani: consacrati laici, sposati, sacerdoti, religiosi, ragazzi in difficoltà avrebbero vissuto insieme mettendo ogni cosa in comune, abbandonati alla provvidenza e impegnandosi tutti ad avere come regola di vita il Vangelo, vivendo la Parola di Dio con grande radicalità.

Fino ad allora ero abbastanza inconsapevole di ciò che facevo. Era come se qualcuno mi portasse da qualche parte, mentre io non sapevo assolutamente dove si stava andando: però mi fidavo di lui e lo seguivo ciecamente. Invece a Medjugorje è avvenuta l'intuizione di qualcosa di grande, al cui riguardo mi veniva chiesta la responsabilità di rispondere con decisione. Da una parte provavo stupore e sorpresa, dall'altra una più profonda consapevolezza del fatto che misteriosamente il Signore desidera in qualche modo renderci cooperatori dei suoi progetti pur lasciandoci sempre liberi di rispondere o meno.

Nel nostro piccolo, si ripete continuamente il mistero dell'incarnazione. Dio per realizzare l'evento più straordinario della storia ha scelto di "aver bisogno"

– se così si può dire – del «sì» di Maria. È importante guardare costantemente alla Madonna e al modo in cui lei, perfettissima e senza confronti, ha risposto con prontezza e determinazione desiderando sempre realizzare la volontà del suo Signore.

Di ritorno da Medjugorje avevo dentro di me la gioia di essere certa che l'idea della nuova comunità sgorgata nel mio cuore non era semplicemente qualcosa di imprudente e umanamente irrealizzabile ma era un altro desiderio che il Signore mi aveva impresso nell'anima in quanto parte di un suo disegno. Sarebbe quindi bastato abbandonarmi a lui, senza stare lì a scervellarmi su che cosa fare. L'unica cosa importante era restare nella dimensione di preghiera e di piena docilità allo Spirito Santo.

Mi si erano chiariti anche alcuni punti operativi: essere piccoli della gioia, vivendo sempre in umiltà per combattere il Maligno; avere fede totale in Dio al quale tutto è possibile; mettere al centro la preghiera contemplativa, cercare di non fare un passo se non dopo aver aperto il cuore all'ascolto dello Spirito Santo; vivere in comunione, mettendo ogni cosa in comune come i primi cristiani e vivendo nell'abbandono fiducioso alla provvidenza; percorrere la strada della croce, poiché non c'è nulla di più prezioso del dolore offerto per la salvezza delle anime; testimoniare in ogni modo, prima di tutto con la vita, la pienezza della gioia che Cristo ci dona se viviamo con radicalità il Vangelo.

Umanamente avevo qualche dubbio che dei peccatori incalliti potessero convertirsi, divenire evangelizzatori e decidere di donare la loro vita a Dio. Venivo da una lunga esperienza di Chiesa e avevo conosciuto tante persone che in precedenza erano state lontane dalla fede e poi avevano riaperto il cuore all'Amore di Dio. Però per la mia razionalità mi pareva davvero impossibile poter credere che "delinquenti" del calibro di quelli che incontravo alla stazione di notte, con anni di carcere alle spalle e che ne avevano combinate di tutti i colori, avrebbero potuto un giorno decidere di consacrare la loro vita al Signore.

Con la semplicità dei bambini ho creduto in quanto avevo percepito con forza nella mia anima come un'ispirazione del Signore anche se era per me assolutamente irrazionale. Rientrando da Medjugorje, sono subito andata dal mio vescovo, monsignor Boccaccio, per sottoporre tutto al suo discernimento. Anche se avevo il sacro timore che questa volta mi avrebbe davvero preso per matta e invitata a farmi visitare al Centro di igiene mentale...

11

Nasce la comunità Nuovi Orizzonti

Il vescovo, contrariamente alle mie aspettative, si dichiarò subito convinto che era proprio il Signore ad avere posto con chiarezza nel mio cuore l'ispirazione della nascita di una nuova comunità. Non riuscivo a credere che don Salvatore mi desse subito il suo «ok» per partire in questa nuova avventura: è stato evidente più che mai che c'era proprio qualcosa di soprannaturale. Entrambi eravamo infatti persone molto razionali. Per di più monsignor Boccaccio era anche una persona molto prudente: senza una misteriosa azione dello Spirito Santo, sarebbe stato veramente impossibile ricevere da lui l'approvazione a un progetto che mi avrebbe vista vivere, sotto lo stesso tetto, insieme con dei criminali per aiutarli a risorgere. Chiunque, dinanzi a una simile proposta, mi avrebbe preso per una matta incosciente e mi avrebbe detto che per una ragazza così giovane, senza alcuna risorsa economica, senza la necessaria preparazione e nessun tipo di appoggio, si trattava semplicemente di una *mission impossible*.

Don Salvatore mi suggerì di provare a rivolgermi al Comune di Roma per sapere se c'era qualche disponibilità di una struttura in disuso da poter adibire alla nuova comunità di accoglienza. Scoprii che una scuola che era stata abbandonata poteva essere una buona struttura per iniziare. Perciò ho scritto il mio bel progetto che prevedeva degli operatori che avrebbero lavorato in strada per contattare i ragazzi in situazioni di disagio (allora non esisteva la figura degli operatori di strada) e un relativo centro di accoglienza da realizzarsi nella scuola inutilizzata. L'ho presentato, ho atteso un po', ho ricevuto promesse su promesse, ma nulla si concretizzava.

Anche l'ipotesi di prendere qualcosa in affitto continuava a essere di difficile realizzazione, poiché i numerosi proprietari contattati inizialmente accettavano, ma appena specificavo con chiarezza il mio obiettivo, si tiravano tutti indietro... Non ne volevano sapere di ragazzi di strada nelle loro proprietà. E inoltre si poneva il problema dei costi di mantenimento dei ragazzi accolti. Avevo fatto un po' di calcoli, consultando i centri accreditati, e occorrevano almeno una ventina di milioni di lire al mese soltanto per mantenere in accoglienza residenziale una ventina di ragazzi. Mentre l'unica cifra su cui potevo contare era il milione di lire che guadagnavo mensilmente con il mio lavoro...

Sentivo sempre più prepotente l'urgenza di dare risposte concrete ai miei nuovi amici del "popolo della notte", ma i politici continuavano con le loro promesse senza mai passare ai fatti e troppi continuavano a morire! I tempi di chi "muore" nell'inferno della strada non sono certo quelli elefantiaci della nostra burocrazia.

Ero inoltre profondamente scossa da un'esperienza molto forte vissuta subito dopo essere tornata da Medjugorje. Il protagonista era Giorgio, un ragazzo sieropositivo che aveva vissuto diversi anni in strada a causa della droga e che aveva deciso di unirsi alla mia pazzia di aprire una casa di accoglienza: in seguito all'incontro con me aveva infatti scoperto l'amore di Dio e aveva deciso di spendere il resto della vita per testimoniarlo a tanti altri ragazzi che, come lui, avevano pensato di poter trovare la felicità nei paradisi artificiali. Era quindi entusiasta dell'idea che gli avevo confidato di aprire un nuovo centro di accoglienza e voleva in qualche modo essermi di aiuto in questa impresa.

Ricevetti una telefonata nella quale mi chiedeva di andarlo a trovare poiché gli era successa una cosa che voleva dirmi di persona. Poche settimane prima lo avevo lasciato in buona forma e invece, quando me lo ritrovai dinanzi, appariva molto dimagrito e aveva lo sguardo fisso nel vuoto: era diventato improvvisamente cieco a causa di un'infezione al nervo ottico dovuta alla sua malattia e i medici gli avevano detto che non gli restava molto da vivere.

Ricordo ancora la sua espressione di dolore mentre mi aggiornava: ma non tanto per i drammatici esiti della sua malattia, quanto perché – come precisò lui stesso – «proprio nel momento in cui ho trovato la luce divento cieco, proprio ora che ho trovato la vita devo morire». Effettivamente, nell'arco di due mesi si è letteralmente consumato fino a diventare uno scheletro, completamente irriconoscibile, ed è partito per il cielo. Ho provato un dolore profondissimo misto a un senso di impotenza nel vederlo spegnersi così velocemente divorato da una malattia che non fa sconti. Ho anche pensato che forse era il primo angelo che avrebbe lo stesso potuto darci una mano da lassù, così come aveva tanto desiderato, grazie all'intenso percorso di purificazione che aveva fatto prima della morte.

Ma il vedere un amico così bello, biondo e con gli occhi azzurri, nel pieno della giovinezza, che nel giro di poche settimane si consuma dinanzi ai tuoi occhi e si trasforma in uno scheletro rivestito di pelle è comunque un'esperienza che ti segna in profondità e che ha aumentato il mio senso di fretta. Mi sono ripromessa: «Farò tutto quello che è nelle mie possibilità perché non accada più che ragazzi come Giorgio, che hanno cercato la felicità nei paradisi artificiali che presto diventano terribili inferni, possano trasformarsi in pochi giorni in scheletri viventi e morire senza avere assaporato la bellezza della vita». Quanti altri ce ne sono nel mondo che, poiché non c'è stato qualcuno che per tempo ha saputo proporre loro le tante perle di Luce racchiuse nella Parola di Dio, continuano a essere consumati dalla droga, dall'aids, dai paradisi artificiali che uccidono! E, a differenza di Giorgio, non hanno nemmeno l'aiuto della fede che li accompagni nel doloroso momento del passaggio.

Quando sono arrivate le feste di Pasqua, ho deciso di prendermi nuovamente qualche giorno di preghiera a Medjugorje per ripresentare al Signore questo grido del popolo della notte che continuava a trafiggermi il cuore ogni giorno. Soprattutto avevo bisogno di luce per comprendere la via da percorrere perché, se da una parte ero certa che era lui a chiedermi di aprire questa nuova comunità, dall'altra non riuscivo a trovare il modo per farlo e tutte le porte sembravano chiudersi.

In quel periodo cercavo di fare ogni cosa intensificando la mia vita di preghiera che mi dava la forza per andare avanti. Sottoponevo poi le mie idee a don Salvatore, il mio vescovo, per fare discernimento con lui sulla volontà di Dio. Cercavo di fare tutto in obbedienza perché mi aveva molto colpito la Parola di Dio che afferma: «Chi ascolta voi ascolta me» (*Luca* 10, 16) e «Io sono la vite, voi i tralci. Chi rimane in me e io in lui, fa molto frutto, perché senza di me non potete far nulla» (*Giovanni* 15, 5).

In questo secondo viaggio a Medjugorje è stato molto importante per me il tempo che ho trascorso sul Podbrdo, la collina delle prime apparizioni, dove ho consegnato a Dio e alla Madonna tutte le lacrime raccolte in strada, la sofferenza per Giorgio, l'angoscia di non poter rispondere a quella folla che continuava a bussare con insistenza e a chiedermi di portarli via dal loro inferno.

Rivolgendomi direttamente a Gesù, ho detto: «Io le ho provate tutte, ma le porte sono rimaste chiuse. Tu mi hai messo nel cuore l'ispirazione di avviare una comunità in cui vivere il Vangelo e accogliere i miei fratelli in difficoltà, ma i politici fanno unicamente promesse, gli altri si spaventano e io non so più che cosa fare. Fammi comprendere tu quale strada debba intraprendere».

In quel momento ho sentito una luce forte nell'anima che mi faceva comprendere con una chiarezza nuova l'importanza non soltanto di vivere il Vangelo, ma di viverlo il più possibile alla lettera, senza mezze misure o interpretazioni di comodo. Come diceva Francesco, *sine glossa*. E anche che non dovevo preoccuparmi in quanto il Padre nei cieli, se si prende cura degli uccelli e dei gigli del campo, tanto più si sarebbe preso cura di me e dei suoi figli che mi avrebbe affidato.

È stato per me impressionante, subito dopo aver avuto questa nuova luce nell'anima, aprire il Vangelo e ritrovarmi dinanzi proprio il brano che dice: «Non siate dunque in ansia dicendo "Che mangeremo? Che berremo? Di che ci vestiremo?". Guardate gli uccelli del cielo: non seminano, né mietono, né ammassano nei granai; eppure il Padre vostro celeste li nutre. Non contate voi forse più di loro? E chi di voi, per quanto si dia da fare, può aggiungere un'ora sola alla sua vita? E perché vi affannate per il vestito? Osservate come crescono i gigli del campo: non lavorano e non filano. Eppure io vi dico che neanche Salomone, con tutta la sua gloria, vestiva come uno di loro. Ora se Dio veste così l'erba del campo, che oggi c'è e domani verrà gettata nel forno, non farà assai più per voi, gente di poca fede? Non affannatevi dunque dicendo: Che cosa mangeremo? Che cosa berremo? Che cosa indosseremo? Di tutte queste cose si preoccupano i pagani; il Padre vostro celeste infatti sa che ne avete bisogno. Cercate prima il regno di Dio e la sua giustizia, e tutte queste cose vi saranno date in aggiunta» (*Matteo* 6,30-33). Una parola di luce, che mi ha folgorata.

Subito dopo ho riaperto il Vangelo e mi è capitato il passo nel quale Gesù dice al giovane ricco: «Una cosa sola ti manca: va', vendi quello che hai e dallo ai poveri e avrai un tesoro in cielo; poi vieni e seguimi» (*Matteo* 19,21). Ho compreso che questo invito era rivolto a me. Certamente non ero una giovane ricca, anzi vivevo modestamente poiché quel poco che guadagnavo lo spendevo per aiutare gli altri, però sentivo che il Signore voleva sollecitarmi a seguirlo nella totale povertà. Mi è stato chiaro che dovevo lasciare il lavoro – pur se era un impegno che avevo scelto proprio per formarmi meglio nel servizio dei fratelli in difficoltà – e ogni altra cosa per andare concretamente a vivere con i miei nuovi amici in strada, del tutto abbandonata alla provvidenza. E che, finché non avessi trovato una struttura per accogliere, la strada sarebbe stata la mia nuova "casa".

In quel momento di grazia mi sembrava la cosa più bella del mondo poter lasciare proprio tutto per seguire Gesù vivendo la povertà più radicale e, anche se continuavo a essere ben consapevole dei pericoli che avrebbe comportato per una ragazza giovane come me vivere in strada, non avevo paura: avevo la certezza che il Signore si sarebbe preso cura di me. Perciò, al rientro a Roma, ho immediatamente raccontato tutto ai miei genitori, i quali non sapevano ancora nulla di quello che io stavo facendo. Ho approfittato del fatto che erano a Fiuggi per tre giorni di ritiro spirituale dove, per un'incredibile "coincidenza", la frase del vangelo scelta per la catechesi era proprio «una cosa sola ti manca: va', vendi quello che hai e dallo ai poveri e avrai un tesoro in cielo; poi vieni e seguimi».

Come c'era da aspettarsi, non appena ho fatto sapere ai miei che da tempo andavo di notte alla stazione Termini a incontrare giovani in gravi situazioni di disagio, essi si sono decisamente preoccupati. Tanto più che mio padre lavorava proprio in via Marsala, accanto alla stazione Termini, e conosceva bene quanto pericoloso fosse andare di notte in certe zone. In seguito con la semiprivatizzazione della stazione le cose sono cambiate parecchio, i giovani considerati più pericolosi sono stati cacciati dalla polizia e nei sottopassaggi dove prima c'era l'inferno sono stati costruiti molti negozi. Ma in quegli anni per un padre che conosceva quell'ambiente sapere che la propria figlia andava di notte nei sottopassaggi della stazione era davvero una notizia da infarto.

Quando sono giunta alla seconda parte del discorso, relativo al lasciare tutto e all'andare a vivere per strada, ovviamente hanno cercato di farmi ragionare e di pormi di fronte a tutte le difficoltà del caso. Però, essendo anche loro in un momento di grande grazia, dopo le prime espressioni allibite e costernate – di papà in maniera più palese, di mamma in maniera più nascosta – inaspettatamente ambedue mi hanno detto: «Non saremo certo noi a opporci al tuo desiderio di seguire il Signore. Quindi, se lui ti ha posto questa cosa nel cuore, ti diamo la nostra benedizione».

Trascorso qualche giorno e spentasi un po' l'eco interiore dell'incontro di preghiera, mio padre iniziò a ripensarci e organizzò riunioni di famiglia in cui sia lui sia i miei fratelli cercavano di farmi rinsavire. Devo dire che invece mia mamma era ormai rassegnata, poiché aveva intuito più di tutti gli altri che non si trattava di un mio colpo di testa, ma che c'era dietro una chiamata di Dio. A un certo punto, dopo aver proposto ogni tipo di ragionamento, mio padre è sbottato con tutta la sua preoccupazione e mi ha gridato con un misto di rabbia e di dolore: «Se questa è la tua decisione, io da oggi non ho più una figlia. Se vuoi fare la santa, fallo; ma io non posso morire di crepacuore dietro di te. Questa è comunque una follia. Io non posso vedere mia figlia che si va a uccidere da sola e quindi, se sei determinata ad andare a vivere in strada, da oggi non voglio più sapere nulla di te».

Un coacervo di sentimenti ha iniziato a invadermi. Amavo i miei genitori con tutto il cuore e vederli soffrire così a causa di questa mia decisione era davvero uno strazio indescrivibile. Inoltre, di fronte a tutte le motivazioni che papà mi dava, una più sensata dell'altra, anch'io mi ripetevo: «Questa è proprio una follia, che cosa sto facendo?». Era tutto molto doloroso: da una parte la certezza della chiamata, dall'altra la paura iniziava a farsi strada anche in me. Il timore di perdere ogni sicurezza, dei troppi rischi che avrei corso, di perdere anche il bellissimo legame che avevo con mio padre.

Come data per lasciare il lavoro e la casa in cui abitavo avevo fissato il 24 maggio 1993, la festa di Maria ausiliatrice. Nei giorni che mi separavano da questa data il combattimento si è fatto particolarmente forte. Mi ripetevo: «E se ti stessi sbagliando? Se ti fossi inventata tutto? Ti rendi conto dei pericoli che correrai? Ti sei già ammalata gravemente e poi sei stata miracolata una volta: come farai a vivere in strada con il freddo e la fame? Perderai nuovamente la salute... Magari ti tornerà anche l'uveite... I medici si sono raccomandati di evitare ogni tipo di stress. Questa di andare a vivere in strada è pura follia, non può essere il Signore a chiederti anche questo!».

Ragionamenti sacrosanti che si contrapponevano con forza alla grazia che mi sosteneva. Ma, pur dovendo ammettere che tutto quanto il mio padre terreno mi aveva detto era, umanamente parlando, giusto e logico, era altrettanto vero che se il mio Padre celeste mi chiedeva di vivere il Vangelo alla lettera e mi sollecitava a un atto di fede, certamente anche lui, da Papà, non avrebbe mancato di prendersi cura di me. Mi sono dunque confrontata nuovamente con i miei punti di riferimento e, nel momento in cui mi hanno dato la loro approvazione sia il vescovo Boccaccio, sia padre Nazareno, un sacerdote di grande santità e prudenza che mi seguiva, sia Graziella, forte di questa conferma nell'obbedienza ho deciso di buttarmi senza esitazione in questa nuova pazzia.

Ancora una volta il Padre celeste mi ha sorpreso. Fino al 24 maggio, la data fissata per lasciare tutto e andare a vivere in strada, nonostante le persistenti ricerche non ero riuscita a trovare nessuna struttura disponibile neanche in affitto. In quella mattinata mi giunse inaspettatamente una prima telefonata nella quale mi veniva offerta una struttura dove poter andare a vivere e iniziare l'accoglienza, che però sarebbe stata disponibile soltanto verso dicembre. Poco dopo, una seconda telefonata per propormi dei locali vicino a piazza Bologna, dove in attesa della struttura di accoglienza per i ragazzi avrei potuto subito dormire gratuitamente e fare incontri con alcuni amici che desideravano affiancarmi e sostenermi in questa mia decisione. Passa qualche ora e arriva una terza telefonata che mi offriva, sempre gratuitamente, un locale proprio nei sottopassaggi della metropolitana a Termini, per aprirvi un centro d'ascolto.

Un modo d'agire tipico del Signore. Mesi di ricerca non avevano portato a nulla e invece, il giorno stesso in cui avevo deciso di fare il tuffo nel vuoto, come d'incanto mi sono state aperte tre prospettive diverse da persone del tutto ignare l'una dell'altra. Chi conosce i prezzi degli affitti a Roma può comprendere quanto tutte queste offerte di locali senza dover pagare neanche una lira, nella stessa mattinata, avessero dell'incredibile. Dio certamente avrebbe potuto intervenire prima, ma penso che abbia voluto darmi una conferma molto forte sull'importanza che questa nuova comunità si basasse unicamente sulla radicalità evangelica e che io mi fidassi di lui ciecamente mettendo da parte tutti i miei sacrosanti ragionamenti.

Ha avuto così inizio l'avventura di Nuovi Orizzonti.

12
Pentecoste di fuoco

Nei locali che mi erano stati messi a disposizione vicino a piazza Bologna abbiamo allestito, con dei tramezzi, due stanzette per me e per Loredana, dove dormivamo con i materassi per terra, e un cucinino. Il resto dello spazio lo utilizzavamo per gli incontri di preghiera e i dialoghi con quanti ci venivano a trovare per condividere un cammino o per chiedere un aiuto. Era un iniziale punto di riferimento anche per alcuni dei primi ragazzi che Loredana e io incontravamo a Termini nelle nostre puntate notturne.

A dicembre ci siamo trasferite all'Isola, una struttura sulla via Ardeatina che ci era stata offerta dalla "San Vincenzo de' Paoli". La nostra prima idea fu quella di organizzare, a cavallo tra capodanno e l'Epifania, nove giorni di ritiro spirituale per i primi venticinque ragazzi di strada che potevamo accogliere in questa nuova struttura. Ma, dato che l'Isola era stata utilizzata dalla "San Vincenzo" come alloggio per detenuti momentaneamente usciti dal carcere con un permesso premio e che non avevano un posto per andare a dormire, ci siamo ritrovate lì anche alcune di queste persone, molto problematiche.

Uno di loro, la prima volta che ci siamo riuniti in preghiera nella cappellina, ha cominciato a fare degli ululati come se fosse un lupo mannaro. Sono subito andata a telefonare all'assistente sociale che lo seguiva, per sapere se costui avesse problemi psichici. L'assistente sociale mi ha detto che era sotto processo con l'accusa di aver fatto parte di una setta satanica nella quale erano stati commessi diversi omicidi rituali: in particolare lui era sospettato di aver tagliato a pezzi due donne. Dopo questa allegra notizia, mi sono consolata sapendo che un altro dei detenuti in permesso premio era un medico. "Almeno," pensavo "se qualcuno di noi riceverà una coltellata c'è già il medico a disposizione a domicilio."

Il dottore era un uomo molto distinto e così mi trovai a chiedergli per quale motivo fosse finito in carcere. E lui, con grande dolore, mi disse che purtroppo non si ricordava assolutamente niente di ciò che era accaduto. Gli avevano però raccontato che una notte, in un presumibile raptus di follia, aveva strangolato la moglie di cui era follemente innamorato. Ancora non riusciva a credere che fosse stato proprio lui a uccidere qualcuno e poi proprio sua moglie... era una persona assolutamente adorabile, senza di lei non poteva vivere. Non avevano neanche mai litigato per cui un gesto così era assolutamente inconcepibile da tutti i punti di vista. Eppure i fatti parlavano chiaro. Nonostante la sua totale amnesia, purtroppo le prove della sua colpevolezza erano state considerate schiaccianti durante il dibattimento in tribunale.

A quel punto mi sono detta: «Capirai, stiamo in una botte di ferro: meglio di così non potevamo capitare. Da una parte un satanista probabilmente omicida, dall'altra un medico che però ha i raptus di follia notturni...». C'erano poi in permesso premio dal carcere narcotrafficanti e altri sospettati di molteplici reati. Insomma, il contesto nel quale abbiamo iniziato non era proprio dei più rassicuranti. Per di più erano venuti a stare con noi per qualche giorno mamma e persino papà che, pur avendo detto «non ti voglio più vedere né sentire», spinto da un istinto di protezione nel vedere queste due ragazze che vivevano in mezzo a venticinque galeotti, criminali, tossicodipendenti... aveva deciso di vivere in diretta i nove giorni di quel ritiro un po' *sui generis*.

Meditando il Vangelo e gli Atti degli apostoli c'eravamo infatti rese conto che, dopo la morte di Gesù, gli apostoli impauriti si erano raccolti con Maria nel Cenacolo per nove giorni ed erano stati rivestiti di potenza dall'alto grazie al Fuoco dello Spirito Santo durante la Pentecoste. Siccome avevo molto chiaro che quella follia non sarebbe stata possibile con le sole nostre forze, ho sentito il bisogno di partire raccogliendoci nove giorni in ritiro, insieme con i primi ragazzi, per chiedere la potenza dello Spirito come aiuto a portare avanti la missione che il Signore ci aveva affidato.

La prima proposta che ho fatto al gruppo di ragazzi di strada accolti è stata semplice e diretta: «Noi abbiamo sperimentato che il Vangelo vissuto cambia la vita. Vogliamo provare a fare insieme quest'esperienza?». Sono partita da questo semplice ragionamento: «Gesù Cristo è un uomo che ha indubbiamente segnato la storia del mondo, ma in più ha affermato di essere il Figlio di Dio. Metti caso che questa cosa, in apparenza folle, ma nella quale comunque miliardi di persone hanno creduto e continuano a credere, sia vera: non vale forse la pena di approfondire il messaggio e l'annuncio che è venuto a portarci?».

Il primo giorno ho cominciato proprio così: «Che abbiate o no la fede, per ora non ha molta importanza. Io sono certa che Gesù Cristo è la via per sperimentare una pienezza di gioia che il mondo non sa dare. Vi propongo di provare. Siccome Gesù parla della possibilità di ricevere lo Spirito Santo, iniziamo ad approfondire tutto ciò che lui ha detto a questo riguardo. Perché, se c'è qualcosa che caratterizza tutti voi, è l'esperienza della morte dell'anima. Ma Gesù ci assicura che, grazie al dono dello Spirito Santo, è possibile "rinascere dall'alto", "passare dalla morte alla vita"». Naturalmente la maggior parte di loro non erano credenti, ma tutti hanno accettato, con entusiasmo e una certa curiosità, di aderire a questa insolita proposta.

Le giornate erano scandite da momenti di meditazione su brani del Vangelo scelti proprio con l'attenzione allo Spirito Santo, approfondimenti in comune, domande, condivisione di quanto si era sentito nel cuore, piccoli tentativi di preghiera spontanea. Si trattava però di persone che non avevano mai pregato in vita loro, o non lo facevano dai tempi della prima comunione, cosicché la preghiera era sostanzialmente guidata da me, da Loredana e da Tonino, un amico attore che si era intanto aggiunto alla "allegra brigata".

Tutti i ragazzi si sono messi in discussione con grande serietà. Hanno iniziato a interrogarsi su tante cose: sull'esistenza di Dio, sulla possibilità che questo Dio fosse realmente amore, sul perché avevano dovuto conoscere tante sofferenze prima di scoprire questa possibilità di gioia... Sono stati giorni veramente belli e intensi che sono culminati, nel giorno della festa del battesimo di Gesù, con una richiesta al Cielo: «Abbiamo meditato tutto quello che la Scrittura ci dice sullo Spirito Santo. Abbiamo anche letto l'assicurazione di Gesù: "Se dunque voi, che siete cattivi, sapete dare cose buone ai vostri figli, quanto più il Padre vostro celeste darà lo Spirito Santo a coloro che glielo chiedono!" (*Luca* 11, 13). Con la semplicità dei bambini che si fidano del loro papino, visto che Gesù non ci può promettere qualcosa che non sia vero (lui stesso ha detto di sé: "Io sono la via, la verità, la vita", *Giovanni* 14, 6), proviamo a mettere in pratica questa frase del Vangelo: proviamo a chiedere al Padre lo Spirito Santo».

C'è da premettere che fino a quel momento, per quanto le giornate di ritiro fossero state forti, ogni volta che si trattava di mettere piede nella cappellina con Gesù eucaristia questi ragazzi davano sempre la sensazione di entrare in una camera a gas, come se gli mancasse il respiro. Non resistevano più di mezz'ora e poi scattavano verso l'uscita, tanto che la maggior parte delle meditazioni e delle preghiere le facevamo all'aperto o nel salone. L'ultimo giorno è invece successo qualcosa di incredibile.

Siamo entrati in cappellina per un momento di preghiera in comune e abbiamo iniziato con un canto molto semplice di invocazione allo Spirito Santo e io ho spiegato che era importante che quel canto si trasformasse in preghiera. Poi ho chiesto che ciascuno facesse, con la massima spontaneità, una preghiera con il cuore. I ragazzi hanno iniziato a balbettare qualche preghiera, ma dopo otto giorni di meditazione e di approfondimento insieme della Parola di Dio hanno veramente aperto il cuore. Dopo alcune preghiere spontanee abbiamo rifatto il canto e lì il Signore ci ha stupiti con effetti speciali, poiché è stata talmente tangibile l'esperienza della Pentecoste che nessuno di noi è riuscito a trattenere le lacrime.

La cosa straordinaria era che si trattava di persone che da molti anni non versavano una lacrima: per principio non potevano mettersi a piangere, poiché in strada e in carcere viene considerato un segno di debolezza estrema. Per cui quelle lacrime non avevano altra spiegazione se non la presenza di una grazia specialissima che aveva toccato in profondità il cuore di tutti. Erano lacrime di pentimento, frutto dell'azione dello Spirito Santo che, come ha detto Gesù, «convincerà il mondo quanto al peccato, alla giustizia e al giudizio» (*Giovanni* 16, 8). Era l'esplicitazione della presa di coscienza di quanto, con ogni scelta di non amore, era stata sfregiata quella «immagine e somiglianza di Dio» impressa nel cuore di ciascuno. Ma erano anche lacrime di gioia, di commozione profonda per la scoperta del dono gratuitamente e inaspettatamente ricevuto, con la misteriosa e concreta esperienza dell'amore di Dio.

È stata talmente forte questa esperienza di grazia che siamo rimasti immersi nel clima di preghiera dalle nove fino alle tredici, travolti da quanto stavamo vivendo. Abbiamo iniziato a pregare gli uni per gli altri e abbiamo fatto esperienza nel nostro piccolo di una vera e propria Pentecoste di fuoco e di ciò che la Scrittura definisce «carismi»: una esperienza all'ordine del giorno per le prime comunità cristiane, mentre con il passar del tempo si è spenta nella dimenticanza. Ci siamo ritrovati a fare un'esperienza di guarigione del cuore e fisica, con persone che vivevano situazioni molto particolari.

Alcuni avevano addirittura fatto patti di sangue con Satana, oppure partecipato a messe nere. E durante quelle ore si sono esplicitate alcune vessazioni diaboliche, con voci indescrivibili che proferivano minacce di ogni tipo, si esprimevano in idiomi sconosciuti o in lingue moderne come l'inglese che però la persona coinvolta non conosceva affatto. Ci siamo resi conto che con troppa superficialità simili fenomeni vengono incasellati nell'ambito della patologia medica, mentre talvolta si tratta di fatti reali di natura spirituale.

Per la prima volta abbiamo assistito in diretta alla potenza dello Spirito Santo che opera mediante carismi di profezia, di liberazione, di canti in lingue. Cose considerate spesso "strane", se non addirittura tacciate come fenomeni da baraccone o come episodi di esaltazione di massa, che invece hanno rappresentato per noi una grazia straordinaria.

All'ora di pranzo ho dovuto impormi per convincere i ragazzi a fare almeno una pausa, che poi in realtà è durata soltanto una ventina di minuti. Poi tutti sono voluti subito rientrare in cappellina e siamo rimasti fino alle nove di sera in un'atmosfera inspiegabile. L'unica spiegazione che sono riuscita a darmi per quell'esperienza così intensa e straordinaria di grazia si basa sulle parole di san Paolo: «Laddove è abbondato il peccato, ha sovrabbondato la grazia» (*Romani* 5, 20). Grazie all'apertura del cuore che c'era stata da parte di ciascuno di quei ragazzi, il Signore ha potuto intervenire mostrandoci l'opera sua e facendo comprendere che al resto ci avrebbe pensato direttamente lui.

Nell'arco di poche ore, durante quella intensa preghiera, sono successe cose di ogni tipo. Una persona che qualche giorno prima aveva avuto diagnosticata un'uveite, la medesima malattia della quale avevo sofferto io (non cronica, diversamente dal mio caso), improvvisamente ha sentito che era scomparso ogni dolore, e il giorno dopo è stata dichiarata guarita. Un altro ragazzo aveva un febbrone da cavallo e la temperatura gli è tornata subito nella norma. Un altro ancora soffriva di un'epatite in stato avanzato, con transaminasi altissime e itterizia, e i sintomi sono completamente svaniti (anche le analisi del sangue hanno poi confermato che le transaminasi erano tornate normali).

L'aspetto più eclatante è stato indubbiamente quello delle liberazioni spirituali. Momenti estremamente toccanti, poiché era la prima volta che assistevamo a cose simili. Ma era talmente abbondante la grazia che non provavamo alcuna paura, nonostante vedessimo persone le cui facce si trasformavano in maschere orribili, piene di odio, e che facevano cose umanamente impossibili, fra contorcimenti vari, forza inumana e conoscenza perfetta di altre lingue. Davvero non riuscivo a credere ai miei occhi: dal Cielo agli inferi e dagli inferi al Cielo. La preghiera era così forte che riusciva ad avere ragione delle vessazioni diaboliche e Dio manifestava tutta la propria potenza, costringendo quei demoni a capitolare e ad andarsene. Almeno momentaneamente: le situazioni più gravi hanno avuto bisogno di ripetute preghiere e di un percorso spirituale intenso per potere arrivare a una liberazione definitiva.

È stata un'esperienza che ha segnato in profondità tutti i presenti, me compresa. Nonostante facessi da tanti anni un cammino spirituale impegnativo, ho visto spalancarsi un mondo nuovo a me sconosciuto. Ho compreso che cosa volesse dire san Paolo scrivendo che «la nostra battaglia infatti non è contro creature fatte di sangue e di carne, ma contro i Principati e le Potestà, contro i dominatori di questo mondo di tenebra, contro gli spiriti del male che abitano nelle regioni celesti» (*Efesini* 6, 12).

Mi si è presentata dinanzi agli occhi una realtà che mi ha portato a una più profonda consapevolezza che quei ragazzi avevano fatto scelte di morte poiché erano stati sedotti dal padre della menzogna che era riuscito a ingannarli con le lusinghe dei suoi paradisi artificiali che imprigionano nella loro morsa gelida e tagliente, feriscono a morte l'anima fino a ucciderla. Ho toccato con mano che c'è soltanto uno, Gesù Cristo, in grado di essere più forte del principe di questo mondo. Lui solo può spezzare le catene con cui Satana imprigiona la nostra anima quando cadiamo nelle sue terribili trappole, Lui solo può sanare le piaghe dei cuori spezzati, ridare la vista ai ciechi, come spiega la Parola di Dio in Isaia (61, 1) e nel Vangelo di Luca (4, 18). Ho compreso come non mai prima quanto fondamentale sia usare i carismi, le "armi" suggerite da Colui che ha vinto il peccato e la morte, oppure la battaglia è persa in partenza. Mi è stato chiaro che per portare avanti questa nuova comunità avremmo dovuto sempre avere come pilastri fondamentali la preghiera, l'affidamento e la docilità all'azione dello Spirito Santo, la Parola di Dio vissuta quotidianamente alla lettera, la valorizzazione dei carismi, puntando sempre al carisma più grande di tutti: l'amore, come dice san Paolo nel capitolo 13 della Prima lettera ai Corinzi.

Poco più di un mese dopo la fine di questo ritiro, quando la nuova comunità di accoglienza iniziava a decollare (in precedenza la struttura che ci ospitava si era limitata a offrire un posto letto per qualche giorno ad alcuni carcerati in permesso premio), abbiamo dovuto lasciare l'Isola, perché i responsabili della "San Vincenzo" che ce l'avevano messa a disposizione avevano sperato che noi potessimo diventare la loro forza giovanile, ma presto si erano resi conto che Nuovi Orizzonti aveva già una sua chiara identità, vocazione, carisma. Ma questa motivazione l'abbiamo scoperta solo successivamente.

Così ci siamo ritrovati nuovamente senza una struttura dove potere accogliere, con la promessa comunque da parte della "San Vincenzo" che in un primo momento ci avrebbero sostenuto economicamente per trovare un'altra struttura e in seguito ci avrebbero dato la possibilità di gestire l'Isola secondo il carisma specifico di Nuovi Orizzonti, così come d'accordo fin dall'inizio (questa seconda promessa purtroppo non è mai stata mantenuta). Non potevo crederci, ma confidando sempre nella provvidenza e certa che il Signore ci avrebbe aperto una nuova strada, sono tornata temporaneamente con Loredana e Tonino a piazza Bologna, cominciando nuovamente a cercare un luogo dove poterci stabilire.

13

La prima comunità di accoglienza a Trigoria

Dopo circa due mesi, nel marzo del 1994, abbiamo trovato una villetta in affitto a Trigoria, nella periferia sud di Roma, che faceva al caso nostro. Tre livelli, con un seminterrato, il piano terra e una mansarda. Fatta per alloggiare una famiglia e invece ci siamo entrati subito in venticinque. Di notte mettevamo i materassi a terra uno a fianco dell'altro per dormire e di giorno li accatastavamo in modo da trasformarli in divani per sederci. Uno spazio polifunzionale, si direbbe oggi. Ma era comunque bellissimo.

Non è che fummo accolti con grande entusiasmo. Si trattava di una zona residenziale e i nostri vicini erano tutti intimoriti. Pian piano hanno cominciato a conoscerci e si sono tranquillizzati, almeno in parte! Oltre a Loredana, anche Tonino Catalano – un aspirante attore calabrese che avevo conosciuto qualche mese prima, e che già nei locali vicino a piazza Bologna e poi all'Isola era venuto più volte a trascorrere dei giorni con noi – aveva deciso di venire ad abitare definitivamente con noi.

Tonino era rimasto colpito dalle mie iniziative e già diverso tempo prima aveva chiesto di accompagnarmi di notte alla stazione Termini. Io gli avevo risposto negativamente, come facevo con tutti in quel periodo. Quando si è presentata la prospettiva di aprire una comunità di accoglienza, è tornato all'attacco e a quel punto gli ho dato la possibilità di venire con me in strada. La prima volta che doveva accompagnarmi si è presentato tutto vestito bene, con giacca, cravatta e valigetta ventiquattrore. L'ho guardato chiedendogli dove volesse andare agghindato in quel modo e gli ho detto che così vestito non potevo portarlo, altrimenti mi avrebbe "rovinato la piazza"... La volta dopo è venuto con i suoi jeans sdruciti e così ha cominciato anche lui. Quando poi abbiamo iniziato ad accogliere i ragazzi a Trigoria lui ha deciso di venire a vivere con noi e di mettere il suo stipendio in comune. Poco dopo anche lui e Loredana hanno deciso di lasciare il lavoro per potersi dedicare completamente alla comunità nascente. In seguito Tonino è diventato uno dei primi sacerdoti della comunità.

Il periodo iniziale a Trigoria è stato oltremodo faticoso: tanta grazia ma anche una vera e propria terapia d'urto. Il primo gruppo era infatti composto da quei casi che le comunità non prendono perché li considerano irrecuperabili. In effetti, fra quanti ci facevano richiesta, molti li facevamo accogliere in altri centri. Ma poi restavano le persone più difficili, che non riuscivamo a "piazzare" da nessuna parte, e quelli che nessuno voleva li accoglievamo noi! Quindi abbiamo iniziato con la "crema" dei ragazzi considerati "impossibili". Diversi avevano seri problemi spirituali poiché avevano partecipato, per curiosità o per scelta, a messe nere, riti satanici, sedute spiritiche e cose del genere. Poi c'erano spacciatori, alcolisti, detenuti alcuni dei quali erano stati narcotrafficanti, ragazze che venivano dalla prostituzione, qualche immigrato. Diciamo che c'era il "meglio" di ogni tipo di problematica e di devianza. Molti di loro oggi hanno donato la loro vita a Dio con gli impegni e le promesse di castità, povertà, obbedienza e gioia che fanno i "piccoli della gioia" della comunità. Non abbiamo dovuto fare fatica per radunarli là. Abbiamo aperto la casa e in un attimo ce la siamo ritrovata piena di giovani in difficoltà, tutti arrivati dalla strada, in un modo o nell'altro.

Sono innumerevoli e quasi incredibili le storie di quel tempo. Uno dei primi ragazzi accolti, dopo che aveva fatto un percorso molto forte di preghiera in comunità per superare dei problemi spirituali notevoli dovuti alla sua partecipazione a riti di una setta satanica, con relativi patti di sangue, nel momento in cui eravamo arrivati vicini alla soluzione cominciò ad avere reazioni pericolose. Per esempio perdeva i sensi e precipitava giù per le scale, rischiando di farsi molto male. Era andato in ospedale a fare una visita, poiché era sieropositivo dopo anni di tossicodipendenza, e lì aveva incontrato un suo amico che aveva a tutti i costi voluto regalargli una dose di eroina proprio nel momento in cui Tonino lo aveva lasciato per andare un attimo in bagno. La sera, è rientrato in casa. Io stavo facendo un incontro e, grazie a Dio, ho sentito una inquietudine a suo riguardo. Ho chiesto di andarlo a chiamare e si è scoperto che si era chiuso in bagno ma non rispondeva. «Siete tutti scassinatori professionisti, fate qualcosa», ho detto con grande preoccupazione. È stata forzata la porta e lo abbiamo trovato per terra senza sensi in una pozza di sangue: si era tagliato le vene. Una scena da film horror.

Con il cuore in gola, ho preso i miei lacci delle scarpe da ginnastica per bloccare il sangue che continuava a uscire dai polsi e siamo corsi in ospedale. Tonino si è messo alla guida, accanto a lui c'era Paolo, uno dei primi ragazzi accolti, mentre io ero dietro con la testa di questo ragazzo sulle mie gambe: sembrava proprio morto, non riuscivo più a sentire il suo battito. Non sapendo che fare, mi sono messa a recitare sottovoce una preghiera. Immediatamente il ragazzo, fino a quel momento apparentemente morto, ha fatto un urlo inumano ed è saltato su fissandomi con uno sguardo agghiacciante, carico di un odio indescrivibile. Così abbiamo scoperto che dentro di lui c'era ancora un "inquilino" agguerrito. Grazie a Dio, subito dopo il giovane ha ripreso conoscenza.

Al Pronto Soccorso gli hanno messo i punti e ce lo siamo riportato a Trigoria. Quando siamo tornati in comunità gli abbiamo chiesto che cosa gli fosse venuto in mente per poter arrivare a un gesto così estremo proprio in un momento nel quale sembrava particolarmente felice. Ci ha risposto che anche lui non riusciva a trovare una spiegazione plausibile. Ha detto: «Mi sono iniettato l'eroina e subito mi sono sentito come un burattino mosso da qualcun altro, costretto a fare delle cose senza sapere perché. So soltanto che da quel momento ho avuto il pensiero fisso che mi dovevo uccidere. Ma non so come spiegare: non era per far fuori me stesso, c'era una forza a cui io non potevo opporre resistenza che mi spingeva a fare questo gesto per distruggere la comunità. Sono entrato in bagno, ho visto un serpente sul pavimento e c'era qualcosa che mi spingeva, dovevo dargli assolutamente il mio sangue, con il quale lui doveva dissetarsi. E allora mi sono tagliato le vene con la lametta e sono svenuto».

Ci tengo a precisare che questo ragazzo è stato più volte visitato da specialisti e non hanno mai riscontrato problemi di tipo psichiatrico. Posso davvero affermare che il primo gruppo si è convertito a Dio e ha avuto le prove della sua esistenza proprio toccando con mano l'esistenza del demonio. Paradossalmente, si verificava l'opposto di quel famoso aforisma di Baudelaire: «La migliore astuzia del diavolo è di farci credere che lui non esiste». I ragazzi si sono resi conto che certe scene da film cui assistevano in prima persona non potevano essere semplicemente delle reazioni isteriche. Era evidente una presenza demoniaca, direi tangibile, quando qualche loro compagno o compagna si trasformava in volto, e con uno sguardo carico di un odio diabolico e una voce davvero da brividi iniziava a inveire in ogni modo, a manifestare una forza immane e spesso si esprimeva perfettamente in lingue a lui o a lei sconosciute reagendo alla preghiera e agli oggetti sacri come se gli fosse versato addosso dell'olio bollente. Mi sentivo catapultata in un film di Dario Argento perché c'erano diversi ragazzi con questo tipo di problema e ne vedevamo di tutti i colori, però allo stesso tempo sperimentavamo la potenza della preghiera.

Padre Giancarlo Gramolazzo, l'esorcista che in seguito sarà al nostro fianco (per un lungo periodo collaboratore di padre Amorth), non l'avevamo ancora conosciuto, per cui quando qualcuno si "scatenava" cercavamo di pregare con semplicità secondo quanto lo Spirito ci suggeriva e si avvertiva subito una grazia particolare, per cui non di rado con la semplice preghiera di lode al Signore si riuscivano a ottenere risultati incredibili.

Avevamo avuto dal Vicariato il permesso di tenere in cappellina Gesù eucaristia, così i ragazzi potevano andare a pregare davanti al Santissimo. Nei momenti in cui qualcuno di quelli che avevano partecipato alle sette iniziava a fare "i suoi numeri" tutti correvano a pregare in cappellina. Alcuni ragazzi la definivano ironicamente la preghiera "della carogna", nel senso che a volte erano così impressionati da ciò che avevano visto che non riuscivano a fare a meno di correre in cappellina a pregare pieni di paura, quasi in cerca di protezione.

Nel corso del tempo siamo riusciti a vedere la liberazione di tutti. Dopo qualche mese abbiamo avuto l'aiuto dell'esorcista, che ci ha confermato la gravità di alcuni ragazzi, esprimendo nel contempo stupore per la velocità con cui il Signore li aveva liberati. Sono rari i casi in cui questo tipo di disturbi hanno una causa di tipo spirituale: nella maggior parte dei casi si tratta di problemi psicologici. Ma quando il problema è di origine spirituale, come per diversi dei primi ragazzi accolti, l'esorcista può impiegare anche anni per riuscire a raggiungere la piena e definitiva liberazione della persona.

Sono perfettamente consapevole che molti leggeranno questo mio racconto con grande scetticismo, ma io sento la responsabilità di testimoniare i fatti ai quali ho assistito in prima persona perché molti dei giovani d'oggi si affacciano al mondo del satanismo per pura curiosità e ignoranza, senza rendersi conto neanche lontanamente dei rischi che corrono.

Particolarmente sconvolgente è stato il caso di una ragazza straniera che non aveva ricevuto neanche il battesimo. I suoi genitori erano stregoni e avevano compiuto riti su di lei fin da quando era bambina. Durante i momenti di preghiera si trasformava completamente nella voce e nel volto e aveva una forza incredibile. Padre Giancarlo ebbe l'idea di benedire segretamente il sale e l'olio che venivano utilizzati in cucina: lo sapevamo soltanto lui e io. Il giorno stesso questa ragazza iniziò a digiunare. Ogni tanto i ragazzi avevano qualche moto di zelo spirituale per cui decidevano di fare un giorno di digiuno a pane e acqua, ma dopo il terzo giorno ho cominciato a dirle che stava esagerando. Lei però mi replicava che c'era un motivo importante, anche se non poteva svelarmelo.

Dopo cinque giorni finalmente la convinsi a parlare e mi raccontò che uno degli spiriti ai quali era stata consacrata le aveva intimato di non toccare cibo nella casa a Trigoria perché altrimenti, per vendetta, avrebbero ucciso me. Io reagii con un sorriso per sdrammatizzare: «Dai, probabilmente hai soltanto fatto un brutto sogno». Ma lei ribadiva: «Guarda che questi spiriti non scherzano mica, sono potenti. Ho già visto in molte occasioni che cosa siano capaci di fare». Batti e ribatti, cercavo di tranquillizzarla dicendole: «Io ho Gesù con me e dunque non possono farmi nulla. Figurati se questi sono più forti del Signore Gesù». E lei, di rimando: «Io il tuo Signore Gesù non lo conosco, ma questi spiriti ormai li conosco bene e ti posso assicurare che sono molto forti, terribili, e quindi, se minacciano di farti del male, non me la voglio prendere questa responsabilità». Alla fine ho troncato di netto: «Fidati e sta' tranquilla, perché ti assicuro che non possono avere alcun potere di morte su di me». Poi siamo andate insieme a pranzo e lei, pur se con grande timore, si è decisa a mangiare qualcosa con noi.

Nel tardo pomeriggio mi recai, con un'altra ragazza, a Messa nel santuario delle Tre Fontane. Ripartendo con l'automobile lungo il vialetto del parcheggio, vidi un'altra vettura che veniva in senso contrario dritta verso di noi. Mi è venuto da pensare che alla guida ci fosse un ubriaco, ma poi mi sono resa conto che puntava proprio a uno scontro frontale e, per una frazione di secondo, sono riuscita a sterzare e a evitarlo. Subito dopo mi sono fermata, pensando che stesse andandosi a schiantare contro un muro. Invece ho visto che costui stava rientrando nell'altra entrata del parcheggio e, dopo aver abbassato il finestrino, mi fissava con uno sguardo demoniaco e rideva con un ghigno davvero satanico che ci ha fatto gelare il sangue. In quel momento il motore della mia macchina si è spento misteriosamente. Provavo in tutti i modi a riaccenderlo, ma non succedeva nulla, sembrava "morto"; e intanto la ragazza che era seduta in macchina accanto a me e aveva cominciato a rendersi conto della gravità della situazione, urlava e pregava terrorizzata: «Signore Gesù aiutaci tu». È stato un momento di panico puro, poiché ho realizzato che, oltre a essere pazzo, era anche indemoniato e ce l'aveva proprio con me. Ancora oggi mi vengono i brividi soltanto a pensarci.

Con estrema lucidità si è avvicinato un po', mi ha fatto sentire bene questa sua risata e mi ha guardato fisso negli occhi con quel tipico sguardo carico di odio che ormai conoscevo bene. Quindi si è allontanato in retromarcia per potermi colpire in velocità. La mia amica ha continuato a pregare affannosamente: «Signore Gesù, pensaci tu; Signore Gesù, aiutaci tu...». Finalmente il motore che sembrava morto si è riacceso e io, sgommando, sono scappata a tutta velocità riuscendo nuovamente a evitare per un pelo lo scontro con l'altra macchina. Questa volta non mi sono girata a guardare se si schiantava da qualche parte, ma mi sono diretta di corsa verso Trigoria. Non volevo far sapere ai ragazzi quanto era accaduto per evitare che si spaventassero (avevo già ricevuto alcuni biglietti anonimi con minacce di morte), ma l'altra ragazza era talmente carica di adrenalina e di paura che non riuscì a fare a meno di raccontare subito a tutti che cosa fosse accaduto e come ci fossimo salvate per miracolo.

Nel frattempo in comunità era successa una cosa altrettanto impressionante, al momento della preghiera. I ragazzi si trovavano nella sala polifunzionale dove durante il giorno facevamo le varie attività, di fianco alla quale c'era una stanzetta dove avevamo sistemato una mamma e il suo bimbo, che era talmente affezionato a me da aver voluto che la mamma appendesse nella parete accanto al suo lettino un quadretto con una mia fotografia. La stanza aveva le sbarre di ferro alla finestra, essendo nella zona seminterrata, e la mamma – durante alcuni momenti di preghiera nei quali talvolta avvenivano "fuochi d'artificio" – portava all'aperto il piccolo e chiudeva a chiave la porta della stanza. Durante la preghiera la ragazza che aveva fatto il digiuno aveva iniziato a contorcersi e a cambiare volto, come poi mi hanno raccontato i presenti. Quegli spiriti (servendosi della voce irriconoscibile della ragazza a loro consacrata), avevano cominciato a inveire contro di me: «Gliela faremo pagare, la ammazzeremo».

Tutti i ragazzi all'improvviso avevano sentito provenire un boato dalla stanzetta chiusa a chiave. Al rientro della ragazza che vi dormiva andarono a vedere che cosa fosse successo e trovarono che il vetro del quadretto con la mia fotografia era esploso anche se il portafoto era rimasto rigorosamente appeso alla parete, i frammenti del vetro erano sparsi dappertutto e della mia foto non c'era più alcuna traccia. Era completamente impossibile che chiunque fosse entrato nella stanza perché era necessario passare dal salone dove erano presenti molti ragazzi e la finestra aveva le sbarre di ferro. Quando tornammo dalle Tre Fontane e ci venne raccontata la vicenda, facemmo un raffronto degli orari e ci rendemmo conto che il boato nella stanza a Trigoria e quel tentativo di collisione al santuario erano coincidenti. Questa inspiegabile coincidenza impressionò molti, tanto più la ragazza decisa a fare il digiuno perché i "suoi spiriti" non mi facessero del male. Comunque non si è lasciata scoraggiare. Dopo una accurata preparazione catechetica, la ragazza consacrata agli spiriti ha ricevuto battesimo, prima comunione e cresima e subito dopo è riuscita a essere liberata definitivamente.

Un altro episodio vissuto in diretta, che colpì molto i ragazzi, è avvenuto durante un esorcismo su una ragazza che era figlia di satanisti e che aveva fatto in prima persona più patti di sangue con il demonio. Una decina di ragazzi cercavano di tenerla ferma, ma lei manifestava una forza enorme. Un giovane inglese piuttosto robusto, arrivato in quel momento, si era unito ai ragazzi per dare una mano nel tentativo di tenere ferma questa ragazza che, per quanto fosse magra, durante l'esorcismo manifestava una forza sovrumana. Immediatamente la ragazza (che non sapeva niente di inglese) si è rivolta a lui usando perfettamente il dialetto della città di origine del ragazzo inglese, con una voce terribile e piena d'odio: «È inutile che ora sei qui ad aiutare..., anche tu sei nostro, ci appartieni. Ti sei dimenticato del rito che hai fatto durante quel concerto e dell'amuleto con cui ti sei consacrato a noi? Lo conservi ancora in fondo al cassetto della tua scrivania! Non puoi nulla contro di noi».

Lui è sbiancato e lì per lì è scappato terrorizzato. Poi mi ha preso in disparte, dicendomi che non aveva mai raccontato questa cosa a nessuno ed era impossibile che quella ragazza, mai vista né conosciuta, potesse sapere tutto ciò. «Nemmeno mi ricordavo di avere ancora quell'amuleto. Devo andare a controllare nella scrivania.» Ed effettivamente poi mi ha telefonato per dirmi che era proprio così, nonostante ne avesse rimosso il ricordo.

Claudio, invece, era vissuto per strada a lungo. Era il «picchiatore» di una famigerata banda che controllava buona parte della prostituzione e del traffico di droga a Roma. In passato ne aveva combinate di tutti i colori, ma da qualche tempo, da quando era diventato lui stesso eroinomane, anche la sua banda l'aveva un po' emarginato. Era arrivato da noi perché non ne poteva più dell'eroina e voleva una mano per uscirne. Non credeva in Dio e non sopportava la Chiesa. Per lui entrare in cappella era molto difficile, sembrava quasi dovesse salire sul patibolo. Dopo una settimana, però, si decise ad aprire il suo cuore a Dio e provò a pregare. La mattina dopo venne da me terrorizzato: «Chiara, non sarà che l'eroina mi si è mangiata il cervello?». «Non credo» risposi «di solito sono gli "acidi", alcune pasticche che danneggiano le cellule cerebrali, ma tu mi hai detto che non ne hai mai fatto uso. Perché mi fai questa domanda?» «Perché questa notte è successa una cosa strana, ma ho paura che se te la racconto mi prendi per matto!» «Stai tranquillo, tanto più matto di me davvero non puoi essere!» «Be', pure questo è vero!», replicò.

Sembrò rassicurarsi e con un filo di voce, alquanto imbarazzato, iniziò il suo racconto. «Vedi, Chiara» mi disse «ieri sera per la prima volta ho aperto il mio cuore a Dio e ho provato a pregare. Questa notte però, verso le tre, sono stato svegliato da qualcuno che batteva con una spranga contro l'inferriata della finestra della mia camera. Con una voce terribile mi ha minacciato, dicendomi di non provare mai più a pregare perché altrimenti mi avrebbe ucciso. Per un istante sono rimasto immobile. Anche se è molto difficile che qualcosa mi spaventi, quella voce così particolare ci era riuscita. Poi la rabbia ha avuto il sopravvento e mi sono alzato, deciso ad acchiappare quell'infame e a dargli una lezione per fargli capire che non doveva permettersi di fare proprio a me uno scherzo di così cattivo gusto. Era buio e non riuscivo a distinguere il suo volto. Sta di fatto che, mentre lo inseguivo nel giardino e mi mancava ormai poco per raggiungerlo, il tipo è sparito improvvisamente, dileguandosi nel nulla come fosse un fantasma.»

Scrutò con molta attenzione il mio sguardo, che effettivamente doveva risultare alquanto sorpreso, convinto che non gli credessi. Poi aggiunse: «Lo so che non mi puoi credere; del resto come si fa a credere ad una storia simile?! All'inizio ho sperato che si trattasse di un incubo, un'allucinazione, ma poi ho trovato la retina anti zanzare della finestra tagliata con una lama che aveva tracciato un segno ben preciso». Mi mostrò la reticella: c'era un taglio a forma di W capovolta, che in genere è un simbolo di morte e di sconfitta. Inoltre, sulle nostre automobili era stato disegnato un cerchio nero con le iniziali dei nostri nomi. «Non so più cosa pensare» commentò «perché dev'essere per forza qualcuno che ci conosce bene, per poter sapere di chi sono le automobili e per conoscere la stanza dove avrei dormito questa notte» quella notte infatti aveva cambiato camera. «Ma se è qualcuno che ci conosce così bene, avrebbe anche dovuto sapere che se mi arrabbio posso fare molto male, e non si sarebbe certo arrischiato a farmi uno scherzo simile. E poi, come faceva a sapere che proprio ieri sera ho pregato per la prima volta? E come ha fatto a sparirmi dinanzi agli occhi proprio quando mi sembrava di averlo ormai preso?»

Continuava a fissarmi come se attendesse da me una risposta che potesse risolvere i suoi enigmi e rasserenarlo un po', ma anch'io mi sentivo piuttosto disorientata dal suo racconto e potei soltanto dirgli: «Ora capisco come mai eri così spaventato! Cerca comunque di stare tranquillo, anche se so che non è facile. Non pensarci più. Sono solo minacce fatte per intimorire; meglio non dar loro alcun peso». «Va bene, farò finta di aver avuto un brutto incubo. Speriamo di riuscirci.»

Quella sera si rimise in preghiera, ma la mattina successiva tornò da me più terrorizzato di prima: «Senti, Chiara, in passato ho sempre spaccato la faccia a tutti, sono stato un criminale e non ho mai avuto paura di nessuno; però non ti nascondo che mo' sto proprio morendo di strizza». «Che altro è successo?» «L'incubo è continuato, ma il problema è che quando ti svegli da un incubo non ti restano le cicatrici sulle braccia!» «Che cosa vuoi dire?»

Mi mostrò le braccia e ne restai decisamente impressionata. Erano ricoperte di piccole ustioni, come se qualcuno si fosse divertito a spegnere su di esse una cinquantina di sigarette. «Accidenti!» esclamai. «Come hai fatto a ridurti così?» «Magari sapessi darti una risposta! So solo che questa notte è tornato lo stesso losco tipo di ieri e mi ha nuovamente minacciato. Quando se n'è andato ho provato un forte dolore sulle braccia e ho sentito dei rumori strani, che hanno sentito anche gli altri ragazzi che dormono in camera con me. Non ho visto un granché perché era tutto buio, ma poi mi sono accorto che ero pieno di queste bruciature. Ho paura che gli altri se ne accorgano, perché non saprei davvero cosa raccontare. Chiara, mi dispiace, perché mi ero affezionato a voi, ma io devo andar via da questa casa! Ho troppa paura. E poi sento che c'è una forza che non sono in grado di controllare e che mi spinge ad andare via.»

Cercai di usare ogni mezzo per riuscire a rasserenarlo almeno un po', ma non era per niente facile. Dopo un colloquio di un'ora, finalmente si tranquillizzò e riprese a lavorare con tutti gli altri. Ma la mattina successiva ci svegliammo che Claudio se n'era andato. Provai un grande dolore, anche perché per diversi giorni non ebbi sue notizie. Dopo due settimane si ripresentò in comunità dicendomi: «Perdonami se me ne sono andato via così. Ma c'è stato qualcosa di più forte di me che mi ha costretto a fuggire. In questi giorni, però, non riuscivo a fare a meno di pensare costantemente a voi, mi mancavate troppo. Siete le uniche persone che mi hanno voluto veramente bene. Così sono riuscito a trovare il coraggio per venire a chiederti se mi puoi riprendere in comunità».

Parlai con lui a lungo e fui ben felice di riaccoglierlo. La sera, però, mentre stavamo cenando, lo vidi sbiancare all'improvviso e dirigersi velocemente verso il bagno. Immaginai che dovesse essere successo qualcosa di particolare, perché fino a un momento prima stava ridendo e scherzando con tutti gli altri. Lo seguii per capire cosa gli fosse successo. Claudio mi disse di aver avuto la sensazione di soffocare; guardandosi allo specchio si era accorto che all'improvviso gli era spuntato un rigonfiamento in gola. Quando lo visitarono, anche i medici restarono impressionati, tanto che suggerirono un ricovero per sospetto tumore. La situazione andava facendosi complicata. Infatti nell'ospedale in cui si sarebbe dovuto ricoverare lavorava un suo amico della banda con cui aveva fatto un patto di sangue; per di più c'era un grande giro di "roba". Sentii tutto il peso della responsabilità di una tale decisione. Alla fine pensai che la cosa più saggia sarebbe stata prima di tutto provare a pregare per la sua guarigione: ricoverarlo in quell'ospedale rappresentava un rischio troppo grande. Se dopo la preghiera il rigonfiamento non fosse passato lo avrei portato in un altro ospedale. Come mi aspettavo, non appena invocammo lo Spirito Santo e iniziammo a pregare per lui, Claudio cambiò completamente espressione e voce. Sprigionò una forza bestiale e il suo volto si fece irriconoscibile. Continuava a inveire con odio, a volte in italiano, a volte in altre lingue, e la cosa strana era che Claudio aveva fatto sempre vita "di strada", per cui conosceva solo il romanaccio. La nostra preghiera per lui durò più di un'ora e mise a dura prova la nostra fede. Alla fine, però, il rigonfiamento in gola era del tutto scomparso e non ci fu più bisogno di alcun ricovero.

Sono stata molto indecisa sull'opportunità di raccontare queste esperienze; non volevo infatti rischiare di spaventare qualcuno, né stimolare l'inevitabile scetticismo. Sono esperienze che difficilmente si confidano, perché a nessuno, e neanche a me che riporto questi episodi, piace l'eventualità di essere presi per degli "inventa storie". Se mi sono decisa a correre questo rischio è perché credo che in una seria ricerca della verità bisogna sempre essere disposti a lasciarsi sfidare dall'ombra del dubbio e a mettere in discussione le proprie certezze. Io, riguardo a quest'argomento, l'ho fatto con grande difficoltà, pur avendo assistito in prima persona a molti fatti simili a quelli che ho raccontato; non posso quindi pretendere che lo faccia chi mi legge.

Penso tuttavia che, con tutto il gran parlare da parte dei mass media e degli studiosi di fenomeni di sette sataniche, di possessioni, vessazioni e maghi e con tutti gli sforzi di molti tesi a dimostrare che il diavolo non esiste, che questi fenomeni sono unicamente catalogabili tra crisi di tipo isterico, autosuggestione, imbrogli..., ascoltare qualche piccola testimonianza dal vivo possa offrire qualche nuovo spunto alla riflessione. Mi sono limitata a raccontare unicamente pochi episodi che ho vissuto in prima persona e posso assicurare che tutto ciò che ho scritto è assolutamente vero (tranne i nomi che ovviamente ho cambiato per rispetto della privacy). Non c'è niente di romanzato.

Se tu che leggi ritieni che i fatti che ho raccontato non siano veri, ti domando: perché avrei dovuto inventarmi delle storie così irreali e correre il rischio di perdere di credibilità? Se invece credi che questi fatti siano realmente accaduti, ma che la spiegazione vada unicamente ricercata nella fragilità psichica delle persone che ne sono colpite, ti domando: come mai queste "crisi" avvengono soltanto in momenti in cui la preghiera si fa particolarmente intensa mentre nella vita di ogni giorno queste persone sono del tutto normali (io ho vissuto sotto lo stesso tetto per anni con tanti ragazzi con questo tipo di problemi)? E come mai, se si tratta semplicemente di menti malate, possono essere capaci di parlare perfettamente altre lingue, addirittura dialetti, a loro completamente sconosciuti e di conoscere fatti precisi riguardanti persone mai viste prima? Perché, pur trattandosi di persone così diverse, le liberazioni hanno delle caratteristiche comuni a tutti – parlare perfettamente lingue sconosciute, forza inumana, agonie fisiche, morti simulate, conoscenza di fatti di cui la persona non può sapere niente, contorsioni fisiche inverosimili, cambiamenti della voce e dell'espressione, sguardi inumani carichi di un odio indescrivibile – e guarda caso si verificano unicamente in persone che in passato hanno avuto a che fare con riti satanici, messe nere, patti di sangue con il diavolo, riti abominevoli, sedute spiritiche? E dimmi ancora: se sei cristiano e quindi credi nella verità racchiusa nella Parola di Dio, perché mai Gesù Cristo avrebbe dovuto dire: «Questi saranno i segni che accompagneranno quelli che credono: nel mio nome scacceranno i demoni» (*Marco* 16, 17), se di scacciare i demoni non ci fosse alcun bisogno?

Non ti chiedo di crederci in quanto i Vangeli lo affermano con chiarezza – se hai avuto modo di leggerli avrai notato che Gesù parla spesso di Satana come del «principe di questo mondo» e che ci sono diversi episodi in cui lui scaccia i demoni – ma ti chiedo, se mai un giorno venisse anche a te la malsana idea di farti coinvolgere, magari per curiosità, in un rito satanico, in una seduta spiritica o in qualcosa di simile, di pensare bene al rischio che corri. Ho vissuto giorno e notte con giovani che hanno voluto provare queste esperienze, spesso per curiosità, ho combattuto con loro, ho pianto con loro e ne ho viste e vissute di tutti i colori prima che potessero essere definitivamente liberati dal potere che con troppa superficialità e ingenuità avevano dato al «padre della menzogna».

Ora non posso non renderti testimonianza di qualcosa che ho visto, per chiederti di non lasciarti incuriosire e tantomeno coinvolgere da certe cose. Se hai qualche malessere e le cose non ti vanno bene, non rivolgerti a fantomatici "maghi" e operatori dell'occulto. Ti assicuro che, se ti va bene, avrai semplicemente regalato i tuoi soldi a un imbroglione ma, se ti va male, i tuoi guai potrebbero aumentare grandemente!

Se qualcosa non va, rivolgiti (oltre a buoni medici, naturalmente) a Colui che ti ha creato e ti ha amato a tal punto da dare la sua vita per te. È Lui che ci guarisce nel corpo, nell'anima e nello spirito e altro non desidera che colmarci della sua gioia e della sua pace e farci risorgere nella pienezza della vita. Per ognuno dei ragazzi accolti abbiamo partecipato ai "travagli del parto" della loro rinascita a nuova vita in Cristo Gesù, ma che gioia poter assistere al miracolo della morte che si trasforma in vita e rivivere con ciascuno la bellezza della risurrezione che Gesù è venuto a portarci!

Il giorno di Pasqua del 1995 è stato per noi una grande festa e abbiamo voluto, con tutta la comunità riunita intorno al vescovo, ringraziare il Signore per aver trasformato le nostre tenebre in luce, la nostra angoscia in pace, la nostra morte in risurrezione, il nostro inferno in Paradiso. In ventiquattro hanno voluto donare la loro vita a Dio, con le promesse di povertà, castità e obbedienza (e in seguito di gioia, prendendo cioè l'impegno di testimoniare che Gesù Cristo è la Via per la pienezza della gioia). Con questa scelta di donazione a Dio, aperta a tutti gli stati di vita, si sono sentiti tutti più liberi di volare verso i nuovi orizzonti preparati dal suo amore. Abbiamo chiesto insieme, a Colui che tutto può, di renderci strumenti suoi e di fare della nostra piccola vita un grazie d'amore al suo amore.

14

Il progetto Cittadella Cielo

Insieme con questi momenti un po' da film, c'era poi la semplicità della vita quotidiana condita dalla fiducia nella provvidenza. Al di là delle tante difficoltà, vivevamo l'incanto del lasciarci costantemente sorprendere dal Signore, sia nelle piccole cose che in quelle più rilevanti. Mancava la carne e da qualche parte ce ne arrivava in quantità sufficiente per quel giorno, il pane era finito e una persona bussava alla porta con una busta di pagnotte... Per noi era sempre una sorpresa!

Poco tempo dopo il nostro arrivo a Trigoria, arrivò la prima bolletta del telefono che era salatissima: 583.000 lire. Una cifra enorme per me, ma purtroppo non si trattava di un errore: il consumo c'era stato davvero poiché facevamo anche da centro d'ascolto e quindi eravamo sempre al telefono. Avevamo pochissimo in cassa e non sapevo dove trovare i soldi. La mia razionalità è di nuovo tornata all'attacco: «Sì, fai l'idealista: come i gigli del campo, come gli uccelli del cielo... Loro però le bollette non le devono pagare! E adesso dove pensi di andarli a trovare tutti questi soldi?». Sentivo forte anche la responsabilità di aver trascinato diverse persone in questa avventura spericolata. Insomma, da quando ho letto la cifra di questa bolletta a quando sono andata in cappellina a pregare, ho avuto un momento di crisi, chiedendomi se fosse proprio la strada giusta da percorrere o se ero soltanto in balìa della mia incoscienza e dei miei entusiasmi.

In cappellina ho detto con chiarezza: «Senti Gesù, io non ho la più pallida idea di dove trovare i soldi per questa bolletta. Per le nostre finanze è una cifra impossibile e non so proprio come fare. Tu sai che ho un mare di urgenze e non ci posso pensare, per cui te l'affido. Pensaci tu, tu che tutto puoi». Ho affidato la nostra bolletta al Signore e poi l'ho tenuta in tasca senza parlarne con nessuno, nemmeno con Loredana e Tonino, per non farli preoccupare.

Avevo appuntamento per un colloquio con un ragazzo che si trovava in una situazione drammatica e, mentre dialogavamo, è arrivata la classica signora di turno che voleva conoscerci, sapere chi fosse questa banda di matti, vedere come vivevamo. Ho lasciato per qualche momento il ragazzo, ho risposto alle domande della signora, le ho raccontato un po' della comunità e lei, prima di andar via, mi ha chiesto: «Ti offendi se lascio un'offerta?». Figurarsi... Ha preso il portafoglio, lo ha completamente vuotato in una busta e me l'ha data. Sono tornata dal ragazzo per concludere quel colloquio, ma intanto fremevo. Subito dopo sono andata in cappellina per vedere quanto ci fosse nella busta e c'erano... 583.000 lire! La cifra precisa della bolletta. Per me è stato come un ceffone della provvidenza, come se Gesù mi avesse detto: «Avevi qualche dubbio? Adesso sai con certezza che vigilo al vostro fianco».

Ma il Signore non si limitava a darci il necessario per

la sopravvivenza quotidiana: voleva stupirci con effetti speciali. Ce lo dimostrò sin dagli inizi con episodi davvero commoventi, per quanta era la sua tenerezza nei confronti dei "suoi piccoli". Uno dei momenti per me più toccanti fu quando una ragazza straniera appena arrivata chiese a uno dei ragazzi accolti da poco che cosa fosse questa "provvidenza" della quale sentiva parlare. La spiegazione fu: «Chiara ci ha fatto leggere il Vangelo e lì c'è la promessa che il Padre nostro si prende cura di noi. Se abbiamo qualche necessità, la provvidenza ci fa arrivare ciò di cui abbiamo bisogno».

Ovviamente, la nuova ragazza reagì affermando che si trattava di pura fantascienza, ma ebbe come replica che invece avevano toccato con mano che questo accadeva realmente. Allora lei, incuriosita e quasi per scherzo, buttò lì: «Insomma, se io adesso a questo Gesù chiedo una giacca, lui me la dà?». Con lo zelo del neofita convertito da pochissimo, per il quale tutto è possibile, il ragazzo dichiarò con convinzione: «Ma certo, chiediamogli pure la giacca. Il Signore, che si prende cura di tutto, magari te la fa arrivare». Proseguì la ragazza: «Visto che ci siamo, a questo Gesù possiamo chiedere pure che la giacca sia bianca? Perché io sono scura di carnagione e il bianco mi sta bene». E l'altro: «Ma certo, se dobbiamo chiedergli una giacca, chiediamogliela bianca».

Io, dalla stanza accanto, stavo ascoltando tutta preoccupata questo dialogo fra il ragazzo di strada neo convertito e la ragazza che a mala pena aveva sentito parlare di Gesù e ovviamente era alquanto scettica. Pensavo: "Caro Gesù, questo figlio tuo crede con tutto il suo cuore che tu risponderai alla loro preghiera e ci resterà male se non arriva questa giacca!". Però subito mi sono detta: «Non ci posso credere, questo ragazzo viveva in strada, si drogava, si è appena convertito e ha più fede di me? Io sto pensando che se la provvidenza non risponde lui ci resta male. E lui invece è certo che una giacca bianca arriverà». La mia razionalità mi diceva che non potevo mettermi a chiedere a Gesù una giacca bianca... non esageriamo! Era però già successa la vicenda della bolletta e dunque mi sentivo un po' confortata. Allora ho fatto questa semplice preghiera: «Guarda Gesù, tu conosci la fede di questo tuo figlio e quindi pensaci tu. E se la giacca bianca non dovesse arrivare, che almeno non ci resti male».

Trascorsa un'oretta, nemmeno ci pensavo più alla giacca bianca poiché ero sempre bombardata da continue emergenze. Arrivò una signora del quartiere per chiedere che cosa facevamo, che cosa era questa nuova comunità di accoglienza Nuovi Orizzonti e a un certo punto mi porse il pacco che aveva in mano, dicendo: «Ho qui qualche vestito in più e ho pensato che forse qui in comunità avrebbe potuto essere utile...». Superfluo dire che in quel pacco c'era un bellissima giacca bianca, nuova, della misura della ragazza straniera, perfetta. Da quel momento, quella ragazza ha dovuto ammettere che il nostro Gesù ci sapeva davvero sorprendere! E ha iniziato anche lei un percorso spirituale che l'ha portata a chiedere i sacramenti.

Nell'autunno del 1994 balzammo improvvisamente all'attenzione dell'opinione pubblica per un passaggio televisivo nella trasmissione che Enzo Biagi conduceva su RaiUno subito dopo il tg della sera. A volere questa mia partecipazione fu il cardinale Ersilio Tonini, amico di Biagi, che si trovava a Roma per partecipare al

Sinodo dei vescovi sulla vita consacrata. Io ero assolutamente restia ad andare in tv perché ho un carattere timido ma dinnanzi all'insistenza del cardinal Tonini non potei dire di no, anche perché sottolineò con decisione l'importanza di testimoniare anche in tv la pienezza di gioia che fiorisce dal vivere il Vangelo. Il cardinale aveva sentito parlare di noi da un missionario e così era venuto a trovarci senza preavviso a Trigoria. Come raccontò lui stesso, si aspettava «una fondatrice con i capelli bianchi e con nel volto impressa la serietà della causa» e invece trovò «una ragazzina con sul volto l'immagine della felicità» (queste le sue parole in un articolo pubblicato dopo la visita in comunità). Disse di aver subito compreso che si trattava di un'opera di Dio che andava ben al di là di me e dei ragazzi raccolti. Perciò decise di parlare della nostra esperienza sia al Sinodo sia in un articolo di *Diario del Sinodo* sul quotidiano cattolico «Avvenire».

Nei mesi successivi gli impegni furono sempre più pressanti. Andare in strada la notte, accogliere quanti avevano bisogno di aiuto, accompagnarli durante il giorno nel loro percorso di guarigione e di risurrezione, i vari "fuochi d'artificio" e "crisi" di vario genere dei ragazzi mi imponevano ritmi massacranti. Sul finire del 1995 ho avuto un crollo fisico, con aritmie e collassi, e sono stata ricoverata in ospedale per una ventina di giorni. Se da un lato c'era il dolore del dover lasciare la comunità, dall'altro è stata anche un'occasione di grazia. Avevo comunque la consapevolezza che Nuovi Orizzonti era un'opera del Signore e dunque non era indispensabile che ci fossi io a portarla avanti: ci avrebbe pensato lui.

Uno dei problemi odierni è che siamo abituati a vedere la malattia come qualcosa di negativo, in quanto porta con sé la sofferenza che vogliamo fuggire in ogni modo. Invece devo testimoniare che tutte le prove fisiche che il Signore ha permesso per me, e che continuano incessantemente, hanno rappresentato un momento di grazia, di comunione privilegiata con lui.

Quando mi hanno dimessa, i medici sono stati tassativi nel prescrivermi almeno un mese di convalescenza. Nel gennaio del 1996 sono così andata a Borca di Cadore in un luogo indicatomi da don Salvatore Boccaccio e mi sono immersa a lungo nella preghiera. Proprio lì è nata l'idea di ciò che oggi è noto come Progetto Cittadella Cielo: un villaggio di accoglienza e di formazione in cui tutti si impegnano a vivere la legge del cielo, l'amore che Gesù è venuto a insegnarci.

Agli inizi mi sembrava un po' di essere – se posso azzardare questo paragone fra un moscerino e un gigante – come san Francesco quando tradusse l'ispirazione del Signore, che gli chiedeva di «edificare la sua chiesa», come se si trattasse di restaurare San Damiano ad Assisi. Anch'io ero ansiosa di costruire subito una cittadella di mattoni, ma poi ben presto ho compreso che doveva in realtà essere innanzitutto un progetto spirituale relativo a come noi cristiani dobbiamo incarnare maggiormente il Vangelo, scoprendo in una luce nuova le tante espressioni in cui il nostro essere cristiani deve tradursi oggi, per realizzare quel "come in cielo così in terra" a cui siamo chiamati.

I protagonisti di questa ulteriore avventura dovevano essere degli apostoli dell'amore che non soltanto si sarebbero impegnati nelle Cittadelle Cielo, ma sarebbero stati l'anima di un popolo di cristiani che, impegnandosi a vivere con radicalità il Vangelo, non avrebbero potuto fare a meno di andare dovunque – per le strade, nelle spiagge, nei luoghi di aggregazione giovanile – a testimoniare quanto il Signore aveva operato nella loro vita.

Si è formato nella mia anima un mosaico fatto di tante tessere, dove ogni "piccolo della gioia" – così vengono chiamati i membri di Nuovi Orizzonti che si impegnano a vivere il carisma specifico della comunità con degli impegni temporanei e definitivi – avrebbe avuto un ruolo specifico. Gli Incendiari per riaccendere il fuoco dell'evangelizzazione; i Giullari, che testimoniano la gioia e portano un messaggio di speranza con il canto, la musica, nuovi spettacoli; il centro Happy News per testimoniare la Buona notizia attraverso i "nuovi pulpiti" dei mass-media; i Micors per concretizzare l'amore nella carità delle opere di misericordia e impegnandosi anche nella cooperazione internazionale; la casetta del Tesoro, nella quale accogliere i malati terminali; i piccoli di Jeshua, che si sarebbero impegnati a sostegno di tutti coloro che vivono situazioni di grave disagio; le casette Agape, dove marito e moglie o degli operatori fanno da mamma e da papà a bambini dati in affidamento; i Piccoli di Maria, che si impegnano in particolare ad approfondire la vita di preghiera nella dimensione contemplativa; gli Emmanueliti per impegnarsi a rinnovare la cultura con la luce della Parola di Dio; le Équipe San Giuseppe per riscoprire e riaffermare la dimensione santificante del lavoro; le Famiglie Armonia impegnate a testimoniare la Bellezza di Dio tramite l'arte e così via.

Mentre tutto questo prendeva forma nella mia mente, il mio fisico continuava a essere in pessime condizioni. La sensazione costante era che fossi lì lì per morire. Non avevo le forze per stare in piedi, mi mancava il fiato, sentivo forti dolori nella zona sternale come se stessi avendo un infarto. C'era inoltre come una dicotomia fra la parte razionale, che mi portava a definire tutto ciò come l'ennesima idea folle, e quella spirituale, che mi faceva vedere tutto come se fosse già realizzato.

Dopo un po' ho cominciato a sentirmi leggermente meglio e sono rientrata a Trigoria. Ed è stato molto bello condividere questo nuovo progetto della Cittadella Cielo con Loredana, Tonino e altri amici, poiché abbiamo cominciato a capire che Nuovi Orizzonti non era soltanto andare per strada, incontrare ragazzi in difficoltà, accogliere quanti avevano problemi di grave disagio, ma piuttosto puntare a farsi sempre più mettere in crisi da ogni parola di Dio, con serietà, per riscoprire la varietà di colori con cui si esprime l'amore del Creatore. Come un arcobaleno, divenuto poi il simbolo della comunità, con i sette colori che fusi insieme formano una splendida luce bianca (esempio bellissimo usato da Chiara Lubich).

Ho subito presentato il progetto Cittadella Cielo al cardinal Ruini e poi alla Presidenza della CEI che, non appena è arrivato il terreno della provvidenza, lo ha approvato come progetto di priorità nazionale stabilendo un cospicuo finanziamento economico diviso in tre tranche. Ancora una volta il Signore ci sorprendeva rendendo l'impossibile possibile. Attualmente sono cinque le Cittadelle Cielo in via di realizzazione: due in Italia (a Frosinone e a Belluno), una in Bosnia (vicino a

Medjugorje), due in Brasile (a Quixada e a Fortaleza in collaborazione con altre diciotto associazioni). Subito si sono delineati con chiarezza alcuni elementi fondamentali che avrebbero dovuto caratterizzare le diverse cittadelle che in seguito sarebbero sorte in diverse zone del mondo.

Le Cittadelle Cielo sono dei semplici villaggi aperti all'accoglienza dei poveri, dei piccoli, degli ultimi, dove tutti coloro che si sentono soli, emarginati, disperati, possano riscoprire la gioia di sentirsi accolti, sostenuti, amati. Nelle Cittadelle Cielo tutti desiderano imparare a vivere secondo la Legge del Cielo: l'Amore che Cristo è venuto a insegnarci, come in cielo così in terra. Per questo nelle Cittadelle Cielo tutti si impegnano a vivere il Vangelo, il più possibile alla lettera, amando Dio e i fratelli con tutto il cuore, l'anima e le forze. Le Cittadelle Cielo sono inoltre grandi centri di formazione al volontariato internazionale per chi desidera impegnarsi a vari livelli in iniziative e attività nel campo della prevenzione, dell'accoglienza, dell'evangelizzazione, del recupero di persone che versano in situazioni di grave disagio.

In ogni Cittadella Cielo si prevede in particolare la realizzazione di:

- Comunità di formazione al volontariato internazionale. I volontari si impegnano nei vari settori lavorativi, terapeutici e gestionali, in numerosi corsi formativi, nei diversi centri della Cittadella e in varie iniziative sociali nell'ambito della prevenzione, del sostegno, dell'orientamento, del contatto con il territorio e i servizi pubblici, del lavoro di strada, della sensibilizzazione.

- Un piccolo villaggio di accoglienza alla vita per l'accoglienza e il sostegno delle ragazze madri e dei bambini in difficoltà, le Comunità Agape, che accolgono i bambini abbandonati.
- Un centro studi e comunicazione per la produzione di materiale informativo e divulgativo, in collaborazione con i mass-media, con particolare attenzione all'evangelizzazione e a tematiche di prevenzione.
- Un centro di formazione per artisti che consenta di metterne a frutto i talenti al fine di realizzare eventi artistici (musica, teatro, filmati, design ecc.) che siano socialmente significativi e che incidano nella prevenzione del disagio sociale.
- Un centro di formazione per operatori di strada.
- Un centro di pronta accoglienza per coloro che si trovano in situazione di grave difficoltà per accompagnarli e orientarli all'inserimento nelle apposite strutture di accoglienza e di sostegno della comunità Nuovi Orizzonti o di altre associazioni.
- Un centro di spiritualità e di preghiera.
- Un centro di formazione all'evangelizzazione.
- Un centro di accoglienza per giovani malati di aids e malati terminali.
- Le piccole comunità (Piccoli della Gioia a vita comune) e le famiglie Nazareth (famiglie aperte all'accoglienza), a supporto dei diversi centri e delle varie attività della Cittadella.

- Équipe di strada che si impegnano nelle zone *calde*, nelle scuole, nelle carceri, nei luoghi di aggregazione giovanile.
- Cooperative sociali per la creazione e l'offerta di opportunità lavorative per persone socialmente svantaggiate.
- Centri di ascolto e di orientamento.
- Gruppi di sostegno.
- Un centro polifunzionale di aggregazione giovanile.

Durante il mese di convalescenza, nel febbraio del 1996, mi dedicai inoltre alla stesura degli statuti di Nuovi Orizzonti, che scrissi di getto. Il cardinale Camillo Ruini, vicario del Papa per la diocesi di Roma, aveva infatti condiviso con il vescovo Salvatore Boccaccio l'ipotesi di riconoscere giuridicamente la comunità come associazione privata di fedeli. Inizialmente scrissi gli statuti unicamente per obbedienza, perché sinceramente facevo una certa resistenza: per me l'unica regola della comunità doveva essere il Vangelo e dunque togliere o aggiungere anche una sola virgola alla regola evangelica mi provocava un certo sacro timore e tremore. Poi, con il passar degli anni, ho invece compreso la grande grazia dell'avere gli statuti per custodire il carisma specifico di Nuovi Orizzonti.

Il testo venne poi sottoposto alle opportune verifiche di due canonisti e, i primi di marzo del 1997, lo consegnai al cardinale Ruini che il 10 marzo 1997 firmò il decreto ufficiale di approvazione degli Statuti dell'Associazione Nuovi Orizzonti, qualificandomi come fondatrice e presidente. Questo importante sigillo della

Chiesa ha portato in tutti noi una nuova consapevolezza che Nuovi Orizzonti non era soltanto un'associazione in cui tanti avevano iniziato a impegnarsi nel sociale, ma era prima di tutto un'opera di Dio e noi avevamo la responsabilità di essere strumenti docili, pennelli (magari un po' scalcagnati) nelle mani del Grande Artista per realizzare il suo disegno.

15
Le missioni di strada

Agli inizi del 1997 venne a trovarmi un imprenditore che aveva ascoltato in chiesa la testimonianza di uno dei nostri ragazzi ed era rimasto molto colpito da quel miracolo di risurrezione. Voleva donare, restando del tutto anonimo, settecento milioni di lire per l'acquisto di un terreno con un grande casale. Poco dopo avere ricevuto da lui un foglio in cui sottoscriveva questo impegno (in presenza anche del vescovo), avevamo già individuato un terreno di quaranta ettari con ben quattro casali perfetto anche per la realizzazione di una Cittadella Cielo.

Coincidenza volle che, qualche giorno più tardi, uno degli edifici della sua impresa fosse imbrattato con scritte intimidatorie. La settimana successiva, un secondo episodio: molti vetri di un'altra sua struttura vennero distrutti a colpi di pietre. L'imprenditore, non avendo mai avuto nessun tipo di problema, subito associò a questi gesti il fatto che avesse deciso di darci un aiuto così importante. Venne nuovamente da me dicendomi: «Chiara, anche se tu mi hai assicurato che il mio nome è rimasto nell'anonimato così come avevo chiesto, io penso che qualcuno è venuto lo stesso a sapere in qualche modo del mio impegno con voi e ha voluto minacciarmi. Purtroppo i ragazzi che accogli vengono da "giri" molto pericolosi e senza dubbio c'è qualcuno che non vuole che tu li aiuti a uscire dal tunnel perché sono per loro grosse "perdite economiche"». Effettivamente anch'io avevo già ricevuto diverse minacce di morte tanto che don Salvatore mi aveva chiesto di andare sempre in giro con Paolo, uno dei primi ragazzi accolti dalla strada, che si era offerto di farmi da guardia del corpo. «Io ti stimo molto per quello che fai, ma proprio non ho lo stesso coraggio che hai tu. Anche se ormai ho una certa età, vorrei morire di morte naturale. Quindi io non ritiro l'offerta, perché ci tengo davvero ad aiutarti, ma ti pongo la condizione che sul terreno che compreremo tu accolga soltanto ragazze madri, evitando tutti quelli che hanno problemi di tossicodipendenza, carcere, prostituzione, sette... Insomma tutti quelli che cercano di uscire da "brutti giri".»

Quando ho visto il terrore nei suoi occhi e ho ascoltato queste sue parole mi si è ghiacciato il sangue, poiché da una parte quei soldi da lui offerti rappresentavano l'unica possibilità concreta per poter accogliere altre persone, visto che la casa di Trigoria ormai stava scoppiando; dall'altra mi rendevo però conto di non poter rispondere positivamente alla sua richiesta, in quanto i ragazzi più "pericolosi" erano anche quelli che avevano più bisogno di aiuto. Inoltre la Cittadella Cielo, così come me l'aveva ispirata il Signore in preghiera, prevedeva l'accoglienza di *tutti* i giovani in situazione di disagio e non poteva essere solo per le ragazze madri. Quindi, se da una parte comprendevo benissimo la posizione di quel benefattore impaurito, dall'altra sentivo che rinunciare ad accogliere questi fratelli sarebbe stato un tradimento della chiamata del Signore.

Ho trascorso la nottata in bianco, pregando e riflettendo. E al mattino mi era chiaro che non avrei potuto accettare la sua offerta, se la condizione restava quella. Ho telefonato a quella persona, l'ho ringraziata, gli ho spiegato che capivo perfettamente i suoi timori, però non potevo condividerli e dovevo essere pronta a continuare a sostenere tutti coloro che avrebbero chiesto aiuto. Lui con grande dispiacere mi ha detto che si era spaventato troppo e non se la sentiva di rischiare, comunque confermava la sua offerta anche per il futuro, in qualunque momento io avessi deciso di accettare la sua condizione.

Una cosa bella è avvenuta quando ho dato la notizia ai ragazzi, che già erano entusiasti – infuocati com'erano dallo zelo per l'evangelizzazione – per la prospettiva del nuovo terreno che ci avrebbe permesso di tirare fuori dall'inferno della strada tanti altri ragazzi. Dopo un primo attimo di scoraggiamento, uno di loro, che era considerato fra i peggiori e che era stato nella banda della Magliana, ha spiazzato tutti. Con il suo caratteristico romanaccio ci ha detto: «A rega', io ci avrei 'na proposta, per chi se la sente. Potremmo fare nove giorni de digiuno a pane e acqua e de preghiera giorno e notte, a turno, davanti ar Santissimo pe' chiede 'na casa più grande pe' pote' accoje artri fratelli che ci hanno bisogno come noi». Una proposta decisamente inattesa, alla quale però tutti aderirono, con mia grande sorpresa.

Ancor più sorprendente è stata la risposta, visto che Dio è un Papà e non si lascia mai vincere in generosità.

Esattamente il nono giorno infatti arriva la telefonata di un amico che era stato contattato dal superiore provinciale dei Francescani. Gli aveva chiesto un'opinione su di noi e se riteneva che potesse interessarci un convento per accogliere i ragazzi. Fu così che, direttamente dal Cielo, arrivò la struttura di Piglio – un paesino in provincia di Frosinone – che poi è diventata la nostra sede centrale. Due giorni dopo sono andata a vedere questo bellissimo convento: il suo valore era molto superiore ai settecento milioni offerti dal nostro imprenditore. Non solo: era già tutto pronto per potere accogliere altri ragazzi.

Ancor più incredibile è stata la scoperta, parlando con altri frati minori, che nessuno di loro era riuscito a spiegarsi come mai il provinciale, senza chiedere un parere a nessuno, avesse preso una tale decisione. Sono andata a domandarlo direttamente a lui e la sua risposta è stata: «Non so, ho soltanto sentito che dovevo darlo a voi, senza troppe trafile e senza perdere tempo». E va bene, lo sappiamo noi il perché... In pochissimi giorni ci siamo trasferiti, dato che la villetta di Trigoria era stata messa in vendita dalla proprietaria e noi non avevamo i soldi per comprarla: ma devo dire che lì ho lasciato un pezzetto di cuore.

Siamo arrivati nel convento di Piglio proprio il 13 maggio 1997, festa della Madonna di Fatima. A Piglio il passaparola ha fatto sì che la popolazione ci "accogliesse" con una manifestazione contraria al nostro arrivo nel convento dei Francescani, documentata perfino dal telegiornale regionale del Lazio. Tutti infatti erano allarmati perché, non appena firmato il comodato d'uso, si era subito sparsa la voce dell'arrivo di tossici, delinquenti e ragazzi di strada in questo piccolo paesino. Però è bastato un incontro in cui abbiamo presentato pubblicamente la comunità al paese, con delle testimonianze dei ragazzi accolti, e già dal giorno dopo c'è stata un'accoglienza diversa da parte di tanti. Chi ci portava i cornetti caldi, chi il pane, chi un po' di vestiario... È stato proprio bello vedere come l'iniziale diffidenza si sia spontaneamente trasformata in accoglienza e affetto concreto nel sostenerci con l'"obolo della vedova".

Ovviamente, nonostante l'ampiezza del convento, anche lì ci siamo immediatamente ritrovati pieni. Quando apriamo un nuovo centro è normale che, nel giro di pochi giorni, non si sappia più dove mettere le persone, per cui il problema dell'accoglienza non si riesce mai a risolverlo. Anche per questo l'urgenza di Cittadella Cielo si faceva più forte in tutti, sia per la maggiore capacità di accoglienza, sia per la possibilità di preparare più persone nei centri di formazione. Ciò di cui ormai ci rendevamo conto era che, se inizialmente la maggior parte delle nostre risorse umane era stata assorbita dalla pronta accoglienza di chi era già nel disagio, adesso era l'ora di ampliare il raggio d'azione e di mettere un grandissimo impegno anche nella prevenzione e nell'evangelizzazione che si concretizzerà sempre di più anche attraverso i mass media.

Fin dal '93 la prima comunità di accoglienza era subito diventata anche centro di formazione all'evangelizzazione e in molti avevano iniziato a impegnarsi in strada di notte, nelle zone più calde, nei luoghi di aggregazione giovanile, nelle scuole e dovunque la Fantasia dell'Amore ci suggerisse. Nel '97 abbiamo sentito però l'esigenza di realizzare un nuovo centro di evangelizzazione di strada e strutturare alcune delle esperienze di evangelizzazione ordinaria in quelle che abbiamo chiamato "missioni di strada". Ho subito sottoposto questa idea al cardinal Ruini e poi a monsignor Cesare Nosiglia (vescovo ausiliare di Roma) ed entrambi hanno accolto con grande entusiasmo queste nuove proposte donandoci la loro benedizione.

La prima "missione di strada" con la diocesi di Roma l'abbiamo realizzata l'8 dicembre 1998, in coincidenza con l'inaugurazione del *Centro di evangelizzazione* Arcobaleno in zona San Giovanni. La novità è stata che, a fianco dell'attività ordinaria che facevamo nelle scuole, in alcune zone "calde" di Roma e nei luoghi di aggregazione giovanile, abbiamo preso di mira per alcuni giorni una zona particolare della città, cominciando con una mappatura del territorio per individuare i luoghi più a rischio, quelli dove i giovani si ritrovavano per drogarsi e quelli invece dove si incontravano semplicemente per stare insieme. Il progetto del Centro di evangelizzazione e delle missioni di strada che coinvolgessero anche le parrocchie era subito stato abbracciato da don Andrea Santoro, parroco nella chiesa dei Santi Fabiano e Venanzio (il sacerdote romano poi andrà missionario a Trebisonda [Turchia] e verrà ammazzato da un fanatico nel 2006). Don Andrea aveva alcuni locali vuoti e stava pensando di allestirvi una mensa Caritas, ma quando gli raccontai i nostri progetti volle condividerli totalmente.

Per dieci giorni una équipe stabile di settanta "missionari" (composta per lo più da ex ragazzi di strada), affiancata da altri centoventi ragazzi che ci accompagnavano in alcune iniziative della missione, fece evangelizzazione giorno e notte nella zona di piazza San Giovanni, stazione Termini e stazione Tiburtina. Di mattina si andava nelle scuole, al pomeriggio nelle piazze e nelle strade, di sera nei bar, nei pub e nei locali dove i giovani si incontravano, nelle zone più "calde", per fare animazione di strada, colloqui personali con tantissimi giovani e invitarli a momenti di condivisione, di preghiera, di testimonianza e a un musical di evangelizzazione realizzato dai ragazzi accolti in comunità. La risposta dei tanti giovani incontrati nelle scuole, in strada, e nelle zone più "calde" fu ben al di là di ogni aspettativa.

Pensavamo che non saremmo stati bene accolti e invece, dovunque si andasse, trovavamo una sete incredibile. Non facevamo grandi prediche o discorsi, ma proponevamo testimonianze di vita di persone che raccontavano la loro resurrezione: una chiave che apriva i cuori. È vero che purtroppo viviamo in un mondo di maschere, e la fiction televisiva inquina tutto e tutti, ma è altrettanto vero che in ogni uomo persiste il desiderio di un rapporto da cuore a cuore e non da maschera a maschera. Dinanzi a qualcuno che ha il coraggio di mettersi pubblicamente a nudo, senza alcun interesse se non il desiderio di far evitare ad altri l'inferno che si è personalmente sperimentato, tutte le difese crollano e ragazzi abituati a fare i bulli si sciolgono in lacrime e vengono a raccontarti i loro drammi come se ti conoscessero da una vita. La serata conclusiva c'erano tantissimi ragazzi di strada venuti a vedere *Stazione Termini*, il primo musical realizzato dai ragazzi accolti in comunità e che in seguito è stato replicato in molte regioni italiane.

Partendo da qui, con l'appoggio del cardinale Ruini

e dell'allora vicegerente Cesare Nosiglia (oggi arcivescovo di Torino), si è poi replicata l'esperienza della *missione di strada* in altre zone di Roma, fino ad arrivare, su proposta del vescovo Nosiglia, alla missione «Gesù al centro» – sulla falsariga delle prime missioni di strada e con la partecipazione di numerose realtà ecclesiali – che ormai è una tradizione per tutta la diocesi di Roma. Subito anche molte altre diocesi e parrocchie italiane ci hanno chiesto di realizzare nel loro territorio delle *missioni di strada*, nella crescente consapevolezza che ormai non ci sono più novantanove pecore nell'ovile e una da recuperare, ma novantanove pecore andate via e una sola rimasta. È un'esperienza molto bella potersi impegnare nell'evangelizzazione di strada insieme anche a tanti altri gruppi ecclesiali, a seconda del luogo, ciascuno secondo il proprio carisma specifico.

Con le missioni di strada e gli incontri nelle scuole ci accorgevamo di quanto la situazione fosse molto più allarmante rispetto a ciò che mostrano le varie ricerche e relazioni ufficiali sul disagio nel mondo giovanile. Dalle confidenze degli stessi ragazzi ci siamo resi conto che già in terza media o al primo anno delle superiori tanti ragazzi iniziano saltuariamente a fare uso di droghe, sottovalutando la gravità della cosa. In particolare emergeva il problema delle nuove sostanze, che non rientrano nel catalogo ufficiale delle droghe fuorilegge, ma sono sempre più diffuse per lo sballo del fine settimana. E per di più non evidenziano la sensazione della dipendenza, mentre in realtà i danni che provocano sono enormi, sul versante psichico ancor più che su quello fisico. Un altro problema che si sta diffondendo in maniera sempre più preoccupante è l'anoressia e la bulimia, come reazione anche agli "impossibili" modelli e canoni estetici indicati dalla moda.

Un'altra problematica che è emersa dai tanti incontri con i ragazzi nelle scuole è il dilagare in maniera esponenziale della sesso-dipendenza, del tutto sottovalutata o addirittura ignorata da genitori e insegnanti. Quanti ragazzini e adolescenti passano ore e ore su internet immersi nella visione disordinata e compulsiva di immagini e video pornografici! E così la sessualità non viene più vissuta come un meraviglioso linguaggio d'amore fra l'uomo e la donna, che è bello vivere con i giusti tempi e nel rispetto reciproco, ma come un frenetico susseguirsi di "usa-e-getta", con drammatiche esperienze di abusi e di tradimenti che causano conseguenze devastanti nella psiche, nell'anima e nel cuore di chi li subisce.

Questa scoperta mi ha fatto comprendere sempre più profondamente quanto l'edonismo, il consumismo, la mentalità dell'usa e getta, stanno inquinando in maniera drammatica anche le relazioni rendendoci sempre più incapaci di amare. Abbiamo così iniziato a proporre a sempre più persone il *programma Nuovi Orizzonti sull'arte di amare* (iniziato già nel '93 a Trigoria per i ragazzi accolti). Tale programma è un percorso di diversi incontri di formazione e approfondimento che si propone di riscoprire le tante trappole che non ci consentono di donare e ricevere amore ed è un accompagnamento in un percorso di guarigione del cuore.

Oltre alle missioni di strada, sempre i ragazzi – che non si stancano mai e che spesso mi stupiscono per il loro zelo nell'evangelizzazione, secondo la frase di Gesù: «I pubblicani e le prostitute vi passano avanti nel regno di Dio» (*Giovanni* 21, 31) – hanno avuto l'idea di andare d'estate a evangelizzare anche nelle spiagge. Nell'agosto del 2003 ci siamo impegnati a Riccione nell'organizzazione di una missione di strada e di spiaggia insieme ad altri gruppi: in particolare il *Punto Giovane* di Riccione con don Franco Mastrolonardo, sacerdote della parrocchia che ci ha accolto; don Andrea Brugnoli, che aveva guardato con grande interesse alla prima missione di strada realizzata nella diocesi di Verona nell'aprile 2002 su richiesta del vescovo; la comunità *le Beatitudini* con padre Pierre; le *Sentinelle del mattino di Pasqua* con Gianni Castorani.

Ci è parso significativo impegnarci in una missione proprio a Riccione e Rimini in quanto località in cui tanti dei ragazzi accolti in comunità prima andavano l'estate per combinare danni e per "sballarsi" a più non posso. Siccome nel loro immaginario erano il luogo della trasgressione, una specie di paese dei balocchi, hanno voluto affrontare con grande impegno la sfida di tornarvi per una missione di spiaggia. In particolare due gemelli della comunità, che avevano una grande esperienza di animatori in villaggi turistici, hanno organizzato dei simpatici intrattenimenti per i bagnanti. Un po' di microfoni con casse per l'amplificazione, balli, sketch, giochi, testimonianze e poi diversi "missionari" a due a due, da un ombrellone all'altro, per spiegare il motivo di questa iniziativa. È stato per me incredibile vedere anche mille persone in piedi, in spiaggia sotto il sole di ferragosto, in cerchio attorno ai ragazzi ad ascoltare in sacro silenzio le loro testimonianze di vita. La sera poi tutti in strada a raccontare con gioia ed entusiasmo la propria esperienza di resurrezione con l'invito a conoscere Colui che ci ha dischiuso nuovi meravigliosi orizzonti di pace, di gioia, di amore.

A Riccione si è anche delineata, in comunione con le altre comunità presenti, una iniziativa, che ha saputo subito coinvolgere molti giovani rimasti incuriositi dalle testimonianze dei "missionari". La *Luce nella notte*: la chiesa aperta fino a tardi, il Santissimo esposto e dei foglietti su cui scrivere una preghiera da presentare al Signore e altri dove pescare una parola del Vangelo. Era davvero incredibile assistere, fino alle prime ore del mattino, al continuo afflusso di giovani che magari non entravano in chiesa dai tempi della prima comunione. Stando con loro, provavo l'impressione fisica di vedere Gesù che passava in mezzo a questi giovani e spezzava le catene delle loro dipendenze, come un tempo faceva in Palestina con i ciechi e gli zoppi. Ogni missione, sia di strada che di spiaggia, è per me sempre una grande sorpresa, nella contemplazione dei meravigliosi miracoli che Cristo opera quando apriamo il nostro cuore al suo Amore. In molte missioni di strada arriviamo a incontrare anche trenta-quarantamila persone.

Nel tempo si sono andate strutturando numerose iniziative che erano già in nuce nelle prime esperienze di evangelizzazione di strada tra cui: le *micro-missioni* (missioni di strada o di spiaggia di due o tre giorni); *street-action* e *beach-action* (animazioni di strada con musica, canti, flash mob, rappresentazioni artistiche, giochi, testimonianze); *angeli nella notte* (équipe di giovani che si recano nelle zone più calde e nei luoghi di aggregazione del popolo della notte); *abbracci gratis* (un'iniziativa sociale nata a Sydney e "adottata" da Nuovi Orizzonti come modalità simpatica per aprire un dialogo con persone incontrate alla stazione, nelle piazze, in strada); *happy music* (feste alternative); *work-shop* di musica, canto, recitazione, danza moderna, cooperazione internazionale, media e new media, formazione al volontariato; *gruppi di prevenzione nelle scuole*, e tante altre iniziative.

Nel 1998 i Francescani ci proposero un'altra struttura in comodato a Montevarchi. Le poche forze a disposizione inducevano a rinunciare. Ma alcuni recenti episodi mi spingevano a mettere tutto il mio impegno per superare le tante difficoltà. In particolare il ricordo di Antonio, un ragazzo che era stato per un po' con noi in comunità, poi era voluto andare via per un mese dalla sua ragazza e quindi era tornato per chiederci di potere rientrare stabilmente in comunità per risolvere il suo problema di tossicodipendenza. Nel frattempo però avevamo accolto diversi ragazzi e la comunità "scoppiava", così lo avevamo dirottato verso un'altra comunità. Era rimasto lì per qualche giorno, ma poi era tornato alla carica perché voleva proprio respirare il nostro clima. Avevamo già superato di diversi posti il limite massimo e dunque gli avevo promesso che, appena possibile, l'avremmo sicuramente accolto. Ma una settimana dopo, esattamente nel giorno di Natale, mi arrivò la notizia che Antonio era stato trovato nel bagno della stazione Termini, morto per overdose.

La stessa esperienza dolorosa la facemmo con Davide. Anche lui, dopo essere stato un mese in comunità, era voluto tornare dalla sua ragazza per poi richiederci dopo due settimane di poter rientrare. Purtroppo era ormai impossibile accogliere una sola persona in più e ancora una volta abbiamo dovuto suggerire un'altra comunità. Dopo pochi giorni la terribile notizia: Davide era stato trovato morto in spiaggia a causa di un'altra overdose. La drammatica consapevolezza che, se attendevi soltanto qualche giorno, correvi il rischio di perdere questi ragazzi per sempre ci spinse ad andare continuamente oltre le nostre effettive possibilità, pur di tentare di rispondere in qualche modo al numero crescente di giovani disperati che bussavano alle porte della comunità in cerca di aiuto. Così abbiamo aperto anche la comunità nel convento di Montevarchi – come accadrà poi in tante ulteriori situazioni – grazie all'eroismo dell'équipe di ragazzi partiti insieme a Loredana e Giulio, che hanno vissuto per mesi in una struttura gelida, da ristrutturare, completamente abbandonati alla provvidenza che ha tardato un po'... cosicché per un mese hanno mangiato per lo più pasta, fagioli e tonno!

Un altro dei primissimi centri è stato quello per ragazze in difficoltà che abbiamo aperto agli Altipiani di Arcinazzo. Anche lì le storie drammatiche non sono mancate. Una in particolare mi è rimasta come una cicatrice sul cuore.

Avevamo appena concluso una riunione di due ore nella quale era stata presa la sofferta decisione di non accettare più ulteriori ospiti, poiché non c'era spazio neanche per uno spillo, quando arrivò una segnalazione dal Centro Arcobaleno di una ragazza, Paola, che insisteva piangendo per essere accolta. Per un vero atto di fede decidemmo positivamente e lei subito dopo ci confidò che era incinta e stava cercando di scappare dal giro della prostituzione. Non si sentiva bene, per cui l'abbiamo portata al Pronto Soccorso per un controllo e subito l'hanno ricoverata perché aveva un'infezione interna che stava andando in setticemia. Se non fossero intervenuti subito sarebbero morti sia lei che il bambino.

Uscita dall'ospedale, è rimasta con noi per tutta la gravidanza. Dopo un anno e mezzo le è stata data l'opportunità di andare a trovare gli altri due figli che i servizi sociali le avevano tolto per la sua vita di strada. Poco prima di partire mi ha salutata abbracciandomi forte e dicendomi: «Grazie Chiara, tu sei stata per me quella madre che io non ho mai avuto. Grazie a te e alla comunità ho ritrovato la vita!». Dopo tre giorni mi ha telefonato con una voce preoccupatissima, chiedendo di vedermi urgentemente. Stavamo concordando l'appuntamento, ma è caduta la linea e non sono riuscita più a risentirla. La settimana successiva sono venuta a sapere che era stata trovata morta in una zona di campagna, con evidenti segni di violenza su tutto il corpo. Senza dubbio era stata punita dalla banda di sfruttatori da cui era fuggita. Purtroppo alcune di queste bande uccidono in modo cruento chi prova a uscire dal giro di prostituzione per dare un segno forte che terrorizzi tutte le altre.

Per me è stata una coltellata in pieno cuore: è davvero orribile toccare con mano che nel nostro tempo possano succedere cose di questo genere e che le ragazze costrette a prostituirsi possano venire addirittura uccise se tentano di liberarsi da questa schiavitù. È uno dei dolori più grandi che mi accompagna sempre, poiché vivo un forte senso di impotenza di fronte a tante di queste sorelline imprigionate in un meccanismo perverso che troppi fanno finta di non vedere in quanto attorno al mercato del sesso ruotano immensi interessi economici. Quante persone vanno a prostitute alimentando questa orribile tratta di povere ragazze, facendo finta di non sapere il dramma che c'è dietro moltissime di loro!

Pian piano sono sorti tanti altri centri, perché la provvidenza ha continuato a darci nuove strutture ogni volta che sorgeva una nuova necessità, anche se non avevamo mai le risorse economiche e umane necessarie. In effetti ci siamo accorti che in Italia non c'è niente di più difficile che fare il bene, perché se vuoi accogliere devi avere la struttura a norma e le figure professionali previste dalle normative, però aiuti non se ne vedono. E intanto in molte zone viene somministrato ai tossicodipendenti il metadone a mantenimento, così ti mantengono drogato a vita. La chiamano "riduzione del danno". Vorrei capire se chi ha coniato questo termine ha mai vissuto con un ragazzo che cerca di liberarsi dalla dipendenza da metadone: è una crisi di astinenza ben più difficile da superare rispetto a quella da eroina, a volte non chiudi occhio per due mesi, mentre nella crisi di astinenza da eroina te la cavi con una quindicina di giorni. Naturalmente mi riferisco solo al metadone dato a mantenimento: lo scalaggio di metadone invece è di grande aiuto.

Dopo tanti anni non sono ancora riuscita a comprendere come mai i soldi per mantenere i ragazzi drogati a vita, con anche 120 centilitri di metadone ogni giorno, ci sono e quelli per sostenere le comunità, che davvero accompagnano i ragazzi affinché possano liberarsi definitivamente da questa infernale schiavitù, non ci sono quasi mai (in alcuni casi vengono dati anche con tre anni di ritardo). Senza considerare poi che un tossicodipendente in carcere costa alla collettività tre volte tanto rispetto a quando viene accolto in una comunità: con la differenza che purtroppo in molti casi il ragazzo entra in carcere che è un tossicodipendente e ne esce che è un criminale "ben istruito".

16
Le missioni all'estero

Nel 1998, tramite lo stesso amico, Franco, grazie al quale avevamo avuto in comodato il convento di Piglio, abbiamo fatto l'esperienza di una missione in Colombia. Franco, molto impegnato nella raccolta di fondi e nella costruzione di comunità di accoglienza per i bambini di strada, aveva avviato, tra le altre, un'iniziativa in Colombia. Ci chiese di dargli una mano, perché lì la situazione era veramente disastrosa non soltanto per i bambini, ma anche per i ragazzi tossicodipendenti.

Quando siamo arrivati sul posto – un terreno in mezzo a case di fango dove avremmo costruito una struttura per ospitare ottanta bambini – l'impressione era di ritrovarsi nel "far west". Sentivamo in lontananza gli spari della gente che si ammazzava e anche noi ci siamo ritrovati nel cantiere, già dal primo giorno, alcuni malviventi con i fucili puntati che volevano rubarci gli attrezzi di lavoro.

Ci siamo dati subito da fare per la costruzione, insieme a giovani del luogo, che venivano tutti remunerati, e con i nostri volontari. Poi abbiamo avuto la "furbizia" di partecipare anche a un incontro di evangelizzazione in piazza, cosa che in Colombia non era proprio la più prudente da fare. L'evento era stato organizzato dal Rinnovamento carismatico che ci aveva chiesto una testimonianza sull'esperienza di Nuovi Orizzonti e su quanto eravamo andati a fare lì. E siccome, oltre che per i bambini, eravamo andati anche per i ragazzi del giro della droga, abbiamo avuto la brillante idea di dirlo, aggiungendo che chi ne avesse avuto utilità avrebbe potuto rivolgersi a noi. Peccato che all'incontro fosse presente anche un narcotrafficante che non ha gradito molto l'intrusione degli italiani nei suoi affari e così è andato con i suoi compari armati dal vescovo e l'ha minacciato in maniera molto esplicita.

Se lui avesse permesso a Nuovi Orizzonti di impiantare un'opera per tossicodipendenti, loro avrebbero non soltanto ucciso lui ma anche tutti noi. Il vescovo sapeva che questo tipo di gente non scherza e quindi si è subito messo in allarme. Nel frattempo gli abitanti del *barrio* si erano talmente affezionati a noi che, avuto sentore delle minacce dei narcotrafficanti, erano andati anche loro dal vescovo a minacciarlo se avesse allontanato Nuovi Orizzonti. Sembrava un film di Totò, con il vescovo tra due fuochi, ambedue intenzionati a fargliela pagare qualunque fosse stata la sua decisione.

Il vescovo ha pensato giustamente che la minaccia realmente pericolosa era quella dei narcotrafficanti e dunque ha preso in coscienza la decisione di farci portare avanti la costruzione dell'opera per i bambini, riguardo alla quale Nuovi Orizzonti avrebbe poi potuto continuare a collaborare anche con le adozioni a distanza, e ha invece accantonato la comunità di recupero per ragazzi tossicodipendenti poiché non se l'è sentita di prendersi la responsabilità di mettere a rischio la nostra vita.

Per me si è trattato della prima esperienza di contatto con la povertà estrema, non soltanto spirituale ma anche materiale. Mi è bastato stare qualche minuto con quei bambini denutriti sia di cibo sia di affetto per sentire il cuore spezzato. Offrendo unicamente qualche carezza e qualche sorriso li ho visti affollarsi attorno a me, litigandosi un abbraccio, persino le mie dita e ho scoperto l'immensa fame di amore che avevano. Per la prima volta ho avuto coscienza di quale fosse la realtà dei bambini di strada, un inferno inimmaginabile.

Durante il giorno passavo il mio tempo un po' nel cercare di dare un mio piccolo aiuto concreto nella realizzazione della struttura di accoglienza, un po' insieme ai bambini di strada o nelle case di fango a fare visita alle famiglie più in difficoltà. Alcuni bambini ci tenevano tantissimo che andassi nelle loro baracche: quando ci riuscivo era per loro grande festa, ma per me ogni volta era una botta al cuore. Non potevo davvero credere che così tanti bambini piccoli vivessero in condizioni così disumane. Le suore missionarie da cui dormivamo avevano improvvisato una mensa con alcuni aiuti che arrivavano dall'Italia per gli abitanti delle tante case di fango: era davvero una grande benedizione perché erano così poveri che molti giorni non avevano assolutamente niente da dare ai loro bambini denutriti. Le tre suore missionarie che si erano trasferite lì erano molto giovani ed eroiche: una di loro era stata rapita dai guerriglieri e poi rilasciata ma nonostante la paura era voluta restare in missione per aiutare i bambini; un'altra sorella aveva preso il *denga* emorragico, una malattia che si contrae dalle zanzare infette e anche lei, nonostante avesse rischiato di morire, aveva voluto a tutti i costi restare lì. I bambini si erano già affezionati e loro non se la sentivano di lasciarli.

Io cercavo come meglio potevo di fare arrivare ai bambini un po' di affetto inventandomi giochi di ogni tipo da fare insieme e loro erano felicissimi, si sono subito affezionati molto sia a me sia a Loredana: appena ci vedevano ci correvano incontro e ci saltavano addosso. I ragazzi invece trascorrevano più tempo nel cantiere e meno con i bambini. Il gioco che i piccoli preferivano era quando li portavamo a fare una bella passeggiata in mezzo alla natura fino a raggiungere degli alberi da frutta abbandonati. Loro si arrampicavano e raccoglievano più frutta possibile. È difficile descrivere la loro gioia quando arrivavano all'anelato tesoro!

Ero arrivata in Colombia già molto provata nella salute: da tempo avevo spesso delle brutte febbri di cui non si era capita l'origine. I ritmi intensi tenuti lì e il contatto con tante persone che vivevano in case di fango, che certo non risplendevano per la qualità dell'igiene, non penso mi siano stati di grande aiuto. Dopo due settimane ho iniziato ad avere una febbre molto alta che non andava via in nessun modo. Così, dopo qualche giorno, Franco ha insistito perché anticipassi il rientro in Italia per curarmi... viste la mie condizioni di salute già così precarie non era assolutamente il caso rivolgermi agli ospedali locali.

Il viaggio di rientro è stata un'altra avventura: avevo la febbre sopra i 40 e continuavo a sudare e a sentirmi svenire. Così Teresa, che era partita con me, aveva chiesto alla hostess se avevano qualche medicina per farmi scendere la febbre. Il volo faceva scalo a Caracas e quando ci siamo fermati ho visto salire due uomini con delle strane tute, sembravano quasi dei palombari. Pensavo di essere ormai nel delirio quando invece mi sono accorta che erano venuti a prendere proprio me per portarmi nell'infermeria dell'aeroporto. Volevano a tutti i costi farmi ricoverare per accertamenti nell'ospedale locale convinti che avessi qualche malattia tropicale, quindi contagiosa. Quando però ho visto che nell'infermeria mi hanno messo in bocca un termometro appoggiato su un mobile sporco e volevano farmi un'iniezione senza avere prima sterilizzato l'ago – le siringhe erano infatti ancora quelle di una volta – ho cercato di convincerli che quel tipo di febbre l'avevo avuta anche in Italia e i medici avevano già fatto accertamenti rispetto a possibilità di contagio visto che vivevo in comunità. Inoltre gli ho fatto notare che avevo le placche in gola, che potevano giustificare benissimo la mia febbre alta.

Teresa intanto si era messa all'entrata dell'aereo minacciando di non farlo partire se non mi avessero lasciata... e così per il rotto della cuffia sono riuscita a tornare in Italia! Gli ulteriori accertamenti hanno confermato che non si trattava di una febbre dovuta a malattie tropicali, ma ha continuato a essere intorno ai 40 gradi per circa due mesi nonostante gli antibiotici e la pennicillina, poi si è assestata intorno ai 37 e qualcosa la mattina e 38 la sera, per più di un anno, senza che i medici siano riusciti a comprendere la causa.

Nel 1999 è arrivata da un amico sacerdote un'altra richiesta per realizzare qualcosa in Brasile, a Quixadà, (nel nord-est) dove la sua comunità aveva a disposizione un vasto terreno. Già dai tempi della Colombia quel grido dei bambini di strada mi era rimasto fortemente impresso nel cuore. E così, nonostante avessimo poche forze disponibili, non me la sono sentita di rispondere negativamente e ho detto: «Andiamo a vedere e magari puntiamo a far venire qualcuno dal Brasile a formarsi presso di noi, in modo da rimandarlo indietro con la formazione necessaria per aprire una comunità di accoglienza».

In realtà, pochi giorni prima avevo sentito forte in preghiera la spinta a fare qualcosa per rispondere al grido dei bambini di strada. Tutte le decisioni un po' matte, sulle quali mi sono buttata con la fede dei semplici – che non sarebbe la mia caratteristica principale, dato che sono invece un tipo anche troppo razionale – sono scaturite dalla preghiera. Ovviamente, prima di imbarcarmi in qualsiasi avventura, ho sempre chiesto al "nostro" vescovo la conferma del discernimento ecclesiale. Quello che mi impressiona ogni volta è riscontrare come, alle varie ispirazioni percepite in preghiera, per quanto alla mia parte più razionale sembrassero irrealizzabili, nel momento in cui per fede mi sono "buttata" a occhi chiusi è sempre corrisposta in brevissimo tempo l'azione visibile della provvidenza che fa arrivare, attraverso le vie più impensabili, i mezzi necessari per mettere in piedi l'opera.

Arrivata a Quixadà, è stato ancora una volta molto impressionante per me vedere la realtà di questi bambini divorati dalla scabbia, con piaghe orribili su tutto il corpo, denutriti, privi di qualsiasi istruzione. Mi chiedevo come fosse possibile che vivessero in una simile situazione e soprattutto che fossero costretti alla più infame delle schiavitù, la prostituzione minorile, pur di dar da mangiare ai figli o ai fratellini che altrimenti sarebbero morti.

Il grido che sentivo prorompere dai loro cuori in attesa era per me la voce stessa di Gesù. In preghiera ho avuto la certezza che, mettendo in atto come sempre la follia di chi sa che l'opera è del Dio dell'impossibile, dovevamo dare avvio alla Cittadella Cielo di Quixadà, pur senza poter contare in quel momento su alcuna risorsa economica o umana. L'idea iniziale di formare da noi qualcuno del luogo per poi fare aprire a loro una comunità si è dimostrata percorribile per un solo ragazzo.

Per rientrare in Italia sono andata a prendere l'aereo a Fortaleza e ho avuto l'occasione di rivedere frei Hans, il fondatore della Fazenda da Esperança, una straordinaria comunità di recupero soprattutto per tossicodipendenti. Qualche anno prima, di passaggio a Rocca di Papa per un congresso internazionale, era venuto a conoscermi nella comunità di Trigoria e avevamo vissuto la gioia di condividere le nostre esperienze con i ragazzi di strada.

Con frei Hans c'era padre Renato Chiera, il fondatore della *Casa do menor*, anche lui legato al movimento dei Focolari. Ambedue avevano letto il libro *Nuovi Orizzonti*, nel quale ho raccontato il mio sogno di creare tante Cittadelle Cielo. Tutta entusiasta, ho cominciato a descrivere il progetto di una Cittadella Cielo a Quixadà e padre Renato mi ha detto con la massima naturalezza: «Sai, a frei Hans hanno donato cento ettari di terreno qui a Fortaleza e stiamo ragionando su cosa farne, magari con la partecipazione di diverse comunità. Lui sta pensando a una realtà di accoglienza per i tanti giovani nel disagio, coinvolgendo più comunità che lavorino in comunione, ciascuna secondo il proprio carisma specifico. Perché non immaginare una Cittadella Cielo anche qui in comunione con diverse comunità e associazioni? Sarebbe bellissimo: Nuovi Orizzonti non può assolutamente mancare!». Inutile dirlo: c'era evidentemente un regista che ci stava guidando. A noi non spettava altro che rispondere con la piena disponibilità.

Mi è stato chiesto di fermarmi lì due giorni perché ci sarebbe stato un incontro con frei Hans, padre Renato e i responsabili di altre tre comunità. In breve il progetto ha preso forma, anche con la collaborazione di Moises, il fondatore della comunità brasiliana Shalom, e di suor Lucia, una religiosa Dorotea molto impegnata nel progetto Ceu, che in brasiliano vuol dire Cielo ed è anche l'acronimo di: "Condominio espiritual Uirapuru". Le caratteristiche sarebbero state per lo più simili a quelle delle altre Cittadelle Cielo – dai centri di formazione all'evangelizzazione, ai centri di accoglienza per bambini di strada, al centro per malati terminali, a quello di spiritualità ecc. – con la differenza che ognuna delle comunità coinvolte si sarebbe occupata di uno specifico aspetto secondo il proprio carisma. Siamo partiti in cinque comunità e attualmente siamo già diciotto: è come un giardino in cui ci sono tanti fiori, ciascuno dei quali apporta la sua originale bellezza.

Ritornata a Piglio, ho raccontato tutto ai ragazzi e ho avuto la risposta della loro generosità: subito ben undici sono venuti a chiedermi di poter andare lì. Alcuni di loro erano stati bambini di strada, costretti ad arrangiarsi a causa delle loro famiglie sbandate. Ora, dopo aver scoperto una nuova vita, avevano il desiderio di donare ad altri quello che a loro era mancato nei primi anni di vita e che li aveva portati nel baratro. Uno di loro mi ha detto: «L'amore che mi ha salvato la vita sento il desiderio di donarlo a mia volta. E se avessi l'opportunità di darlo a dei bambini sarebbe per me una cosa meravigliosa, proprio perché conosco sulla mia pelle che cosa voglia dire essere un bambino abbandonato».

Detto così potrebbe sembrare una cosa romantica. Però la realtà lo era decisamente di meno. Sul terreno che ci hanno offerto a Quixadà cresceva unicamente vegetazione selvatica, per bere e per lavarsi c'erano soltanto un paio di laghetti d'acqua piovana e animali di ogni tipo vi scorazzavano a cominciare dai serpenti. Vedere quell'équipe prepararsi alla missione e partire come dei pazzi, armati di zappe e di picconi, per andare a costruire sotto il sole cocente la nostra prima casa, è stata una cosa davvero commovente.

Un aneddoto divertente riguarda i visti di ingresso. Eravamo stati avvertiti che la burocrazia brasiliana era un po' lenta, ma non riuscivamo a spiegarci perché ci rimandassero di mese in mese la partenza. Alla fine abbiamo scoperto quale fosse l'intoppo. All'ambasciata si erano chiesti come mai, in un'équipe di tredici sedicenti missionari, ben undici avessero precedenti penali: le uniche due incensurate erano Loredana e la sua bambina che allora aveva due anni! Quindi gli era venuto il sospetto che si trattasse di un'associazione camuffata di narcotrafficanti e avevano chiesto informazioni anche in Vaticano...

Alla fine i visti sono stati concessi ed è stato bello vedere come i nostri ragazzi si siano conquistati l'immediato affetto dei bambini delle "case" di fango limitrofe. Le foto che mi erano state inviate dal primo gruppo, partito per quattro mesi per avviare i lavori, mi avevano preoccupato alquanto: alcuni di loro con serpenti enormi, vivi, appoggiati intorno al collo; una foto di una mano appoggiata sul pavimento e una tarantola di fianco grossa come la stessa mano. Tutte immagini per me "molto rassicuranti", che loro consideravano trofei... Di fatto spesso, scavando in quel terreno, trovavano qualche serpente ma si erano subito abituati a questa rischiosa convivenza. Le notizie che ci arrivavano da Tonino e Davide raccontavano inoltre di riso e fagioli tutti i giorni quando andava bene, di acqua del laghetto che aveva causato una terribile dissenteria a tutti, e nel contempo dell'esperienza più bella della loro vita, nonostante l'impegno al limite dello stress psicofisico. In questo tipo di missione c'è veramente bisogno di un *surplus* di grazia per resistere, perché altrimenti sarebbe umanamente impossibile sopravvivere alla quantità di dolore che quotidianamente ti viene riversata addosso.

Intanto, dai quaranta ettari iniziali, il terreno che ci è stato dato è giunto a trecento. Lo sovrasta una collina sulla cui cima c'è il santuario della Rainha do sertão, la Regina del deserto. La certezza che sarebbe stata lei a darci una mano per far fiorire quel deserto è una cosa che sin dagli inizi mi ha dato fiducia. E un grande conforto è giunto anche dalla scoperta di una falda acquifera sotterranea che ci ha consentito di realizzare un pozzo, con grande gioia di tutti i ragazzi che l'hanno visto come un segno della Madonna.

Ormai seguiamo circa mille famiglie, molte delle quali sono composte anche da dieci persone. Il nostro impegno è sia sul versante dell'assistenza, fornendo pasti e aiutando i bambini nell'apprendimento scolastico, sia sul versante dell'evangelizzazione, con incontri di spiritualità e di condivisione. Una delle bambine che seguiamo, di cinque anni d'età, in uno dei miei viaggi in Brasile mi ha regalato un disegno che mi ha profondamente colpito. Da un lato un cuore sovrastato da un diavoletto con le corna e dall'altro lato un cuore sanguinante sovrastato da un angioletto. Via via le gocce di sangue si trasformavano in altri cuoricini, venivano raggiunti da un arcobaleno e diventavano anch'essi parte di questo bellissimo arcobaleno.

Mi sono resa conto che aveva voluto esprimere l'esperienza del proprio cuore, sicuramente sanguinante, e mi ha impressionato che una bambina così piccola avesse compreso che si trattava anche di una battaglia spirituale, raffigurata nella contrapposizione fra l'angelo e il diavolo. Del resto, non soltanto nella missione in Brasile ma un po' in tutta Nuovi Orizzonti c'è proprio questo incredibile miracolo di cuori trafitti e sanguinanti che a un certo punto vengono raggiunti dall'amore, da questo arcobaleno che misteriosamente colora di cielo gli inferi, diventando così tanti cuori pulsanti che si mettono al servizio di altri fratelli e sorelle.

Nel 2000 abbiamo iniziato la presenza anche a Medjugorje, con l'acquisto di un terreno per la costruzione della comunità *Stella del mattino*, nei pressi del cimitero di Bijakovici. Il desiderio mi era nato durante uno dei periodici viaggi che continuavo a fare in questo luogo benedetto, ogni qual volta avevo la necessità di un recupero fisico e spirituale. Avevo accennato anche alla veggente Marija di questo desiderio che avevo avvertito forte nel cuore di aprire una comunità di accoglienza anche a Medjugorje e lei mi aveva risposto: «Tu non preoccuparti, io sono sicura che la Madonna vi aprirà la strada».

In realtà alcune informazioni raccolte sul posto mi facevano essere molto meno ottimista. Non c'erano validi terreni disponibili e inoltre la forte opposizione del vescovo diocesano contro le apparizioni non consentiva che si impiantassero nuove comunità religiose a Medjugorje. Parlandone con padre Slavko, frate francescano della parrocchia di Medjugorje e punto di riferimento per tutti i pellegrini, mi sentii dire che noi, in quanto realtà operante nel sociale come onlus, non avremmo avuto difficoltà, come accadeva invece per numerose comunità religiose al cui insediamento il vescovo si era opposto. Anche il parroco rispose con gioia alla proposta di una comunità di accoglienza di Nuovi Orizzonti a Medjugorje.

In quei giorni una persona mi venne a proporre un terreno di cui era l'unico proprietario (i pochi terreni in vendita avevano diversi proprietari e questo costituiva un serio problema). Però lo vendeva a duecento milioni di lire, che per noi era un prezzo davvero eccessivo. In preghiera mi sono allora rivolta confidenzialmente come sempre al Signore: «Tu sai che non abbiamo una lira. Se è questo il terreno che hai pensato per la nostra casa dammi un segno evidente, poiché devo decidere in fretta. Se lui mi dimezza il prezzo» cosa impossibile in quanto, da come me l'avevano descritto, il proprietario era molto attaccato ai soldi «io lo prendo come segno».

Subito dopo mi sono anche rimproverata da sola: «Ma dai, Chiara, ti metti a contrattare con il Padreterno». Però davvero in quel momento avevo bisogno di un segno, come una bambina in attesa dell'assenso del papà.

Sono andata a parlare con questa persona e gli ho spiegato che il terreno ci interessava ma, essendo la nostra un'associazione di volontariato e vivendo di provvidenza, quella cifra era troppo alta. Lui ha cominciato a informarsi su Nuovi Orizzonti e su cosa facessimo e quindi è andato al sodo: «Ma voi a quanto potreste arrivare?». Io gli ho detto che non riuscivamo ad arrivare a più di cento milioni e lui ha replicato tranquillo: «Per dare una mano a un'opera come questa, ve lo do anche a metà prezzo!».

Non potevo crederci! In breve sono anche arrivati da diverse donazioni i soldi necessari per l'acquisto. In seguito è giunto il momento di pagare la prima rata dei lavori di costruzione, quaranta milioni di lire. I ragazzi erano preoccupati perché il giorno dopo avremmo dovuto fare il versamento e non avevamo nulla. Io cercavo di tranquillizzarli, ma dentro di me dovevo mantenere la saldezza della fede per non mostrarmi preoccupata.

Con me era venuto a Medjugorje anche il vescovo Boccaccio e siamo andati insieme a tenere un incontro di spiritualità. Al termine, una persona che era venuta per la prima volta a Medjugorje ha sentito uno dei nostri ragazzi parlare con un altro giovane del problema del pagamento e mi ha chiesto di quale cifra si trattasse: senza batter ciglio, ha firmato un assegno per l'intero ammontare. Il resto è poi arrivato mattoncino dopo mattoncino, con l'aiuto di innumerevoli amici che venivano a vedere la comunità nascente e lasciavano l'"obolo della vedova". In seguito un importante contributo economico, per la realizzazione di una seconda struttura di accoglienza per sessanta persone, è arrivato anche da un concerto tenuto da Andrea Bocelli che oltre a essere un grandissimo cantante è diventato per me anche un carissimo fratello.

Invece per *Orizzonti di pace*, la Cittadella Cielo sorta alle spalle del monte Krizevac, sul territorio di Svirovici, il grande strumento della provvidenza è stato l'imprenditore emiliano Fabio Sghedoni, che si è sobbarcato, con la sua grande generosità e un supporto importante di tutta la sua famiglia, praticamente la quasi totalità dell'impegno, sia economico, sia organizzativo per la costruzione dell'opera. C'è stato anche un bel contributo di due concerti organizzati per la Cittadella da Nek, diventato anche lui un carissimo amico e fratello che ha deciso di fare parte insieme alla moglie Patrizia di questa grande famiglia di Nuovi Orizzonti.

Finora sono stati realizzati gli edifici del primo lotto: per l'accoglienza di centocinquanta ragazzi in condizioni di disagio, gli alloggi per i responsabili della comunità, il centro di formazione per operatori della prevenzione e del recupero, una sala polifunzionale con millecinquecento posti a sedere e un albergo per ottantacinque persone, che consentirà di impiegare quanti avranno concluso il percorso di recupero. Sono inoltre attivi tre laboratori per attività artigianali, con la finalità di insegnare un mestiere e dare lavoro a giovani del luogo, dato che in Bosnia Erzegovina il tasso di disoccupazione segna un drammatico 45 per cento. In questa

Cittadella Cielo, oltre a incontrare migliaia di pellegrini che spesso ci chiedono sostegno per le tante situazioni di difficoltà che vivono, accogliere ragazzi in difficoltà, impegnarsi nella prevenzione e nell'evangelizzazione, si è avviato tutto un lavoro a sostegno delle famiglie più povere, degli anziani abbandonati e di tanti che sono ancora profondamente segnati dalla guerra che per così tanti anni ha dilaniato quella terra.

17

Orizzonti sempre nuovi

Dulcis in fundo, sono cominciati i lavori anche per la Cittadella Cielo di Frosinone. In effetti la Cittadella Cielo nel Lazio è stata la prima a partire idealmente; già nel 1997 avevo presentato il progetto alla Conferenza episcopale italiana e sia il cardinale Ruini che il cardinale Antonelli – allora l'uno presidente e l'altro segretario generale – mi avevano incoraggiato e seguito nei vari sviluppi. Ma è stata l'ultima a essere avviata concretamente in quanto siamo rimasti bloccati per anni da una serie incredibile di difficoltà soprattutto burocratiche. A renderci disponibile il terreno è stato Fabio Reali, allora presidente della fondazione Kambo: 18 ettari di terreno a zona servizi su cui esisteva già uno scheletro in cemento armato di 32.000 metri cubi che era stato costruito per la realizzazione di un istituto di ricovero e di cura per persone anziane, ma che poi non era stato portato a termine per mancanza dei fondi necessari per completare l'opera. Purtroppo nel tempo la struttura costruita si è deteriorata, per cui abbiamo dovuto demolirla pur essendo costretti a mantenere come primo lotto lo stesso tipo di struttura per problemi di permessi relativi alla cubatura edificabile. Avremmo certamente preferito poterci orientare nella costruzione graduale di semplici casette ma il terreno che la provvidenza ci aveva fornito aveva queste caratteristiche e, anche se l'impegno economico per la realizzazione di un primo lotto così imponente era assolutamente fuori da ogni nostra possibilità, come sempre abbiamo avuto fede che per Dio niente è impossibile.

Se la certezza riguardo a questo progetto non fosse scaturita dalla preghiera già nel 1996, certamente i continui e ripetuti ostacoli mi avrebbero portato a gettare la spugna. Ma anche quando ogni strada sembrava essersi chiusa è rimasto impresso nel mio cuore che Dio avrebbe reso possibile questa impresa che in troppi momenti mi è sembrata assolutamente fuori dalle nostre povere possibilità. Quando ho saputo che avremmo dovuto attenerci per il primo lotto alla struttura preesistente e sono venuta a conoscenza del primo preventivo la mia fede per qualche tempo ha un po' vacillato. Viviamo completamente abbandonati alla provvidenza... Dove avrei mai potuto trovare una simile cifra?

Ma la risposta del Cielo non tardò: la presidenza della Cei approvò Cittadella Cielo tra i pochissimi progetti selezionati tra quelli considerati di priorità nazionale e stabilì di attribuire un sostanzioso finanziamento in più *tranche.* Questo già fu per noi un primo miracolo. Successivamente però c'è stato un momento in particolare in cui le continue difficoltà politico-burocratiche mi hanno portato talmente all'esasperazione, da farmi venire forte la tentazione di mollare tutto. Nel frattempo anche la salute si era del tutto "bruciata". Così, dinanzi all'ennesimo ostacolo per cui il progetto sembrava divenuto irrealizzabile e io ero da giorni a letto senza più la forza di alzarmi con dei preoccupanti sintomi al cuore, ho telefonato a don Salvatore, che intanto era divenuto vescovo di Frosinone, e gli ho manifestato questa mia intenzione. *Ad impossibilia nemo tenetur*, "nessuno è tenuto a cose impossibili". Il vescovo però mi ha detto di non mollare, poiché questa opera la voleva il Signore e quindi occorreva fidarsi: Lui avrebbe certamente riaperto una via. Il problema era che io ero veramente all'estremo delle forze e portare avanti un'ulteriore impresa umanamente ed economicamente così impegnativa mi sembrava diventato davvero inaffrontabile.

In questa crisi nera, ero immersa in preghiera quando ho chiesto al Signore un segno di conferma perché io proprio non avevo più forze per portare avanti questo progetto. Subito dopo questa semplice preghiera è spuntato un arcobaleno dentro la mia stanza. Non riuscivo a credere ai miei occhi. Ho guardato fuori: il cielo era limpido, non c'erano nuvole né tanto meno aveva piovuto. Di fatto, Nuovi Orizzonti ha sempre avuto come simbolo l'arcobaleno, perché unisce la terra al cielo ed è il simbolo dell'alleanza di Dio con l'uomo ma certo un arcobaleno intero al centro della mia stanza mi ha lasciato senza parole. Anche Paolo – uno dei primi ragazzi accolti che, quando il vescovo mi aveva detto di girare sempre con qualcuno, in seguito alle minacce di morte da me ricevute già a Trigoria, si era proposto come mia guardia del corpo – è entrato in quel momento nella mia stanza. Non riusciva a spiegarsi un fenomeno simile e dapprima ha cercato di muovere le tende e studiare tutte le fonti di luce per cercare di trovare una spiegazione plausibile a quell'indescrivibile arcobaleno. Quando, dopo le sue varie ricerche, l'arcobaleno è svanito, si è rivolto a me dicendomi: «Mannaggia, vuoi vedere che era un segno del cielo e mo' per la mia poca fede non c'è più!! Sai che faccio? Mo' esco io dalla stanza così magari ritorna». Mi è venuto da sorridere alla sua esclamazione ed ero assolutamente sorpresa da quel misterioso arcobaleno che a me era parso senza alcun dubbio l'ennesima incredibile risposta al mio scoraggiamento. Dopo pochi secondi Paolo fa capolino alla mia porta, io mi ero raccolta in preghiera con gli occhi chiusi e mi dice sottovoce: «A Chia', hai visto? Ci avevo ragione... è bastato che io uscissi e l'arcobaleno è tornato!». Incredibile! L'arcobaleno era di nuovo più bello e splendente di prima al centro della mia stanza. Poi ha continuato: «È stupendo... Questo non può che essere un segno da parte del Signore: attraverso questo segno lui vuole dirti qualcosa». Fatto sta che io mi sono convinta a non mollare e, nel giro di dieci giorni, si è risolta una situazione che aveva bloccato il permesso a costruire per ben due anni e che appariva senza via d'uscita.

Il problema economico però rimaneva come una spada di Damocle. Serviva entro breve un milione di euro da aggiungere alla prima *tranche* che ci dava la Cei. A darci una mano per l'ambito amministrativo era arrivato da qualche mese un amministratore di una azienda: una persona molto in gamba, colpita dalla nostra opera, ma un po' lontano dalla fede. Quando si è apprestato a guardare i nostri conti mi ha chiesto quali fossero le poste di bilancio, su quali introiti costanti potessimo contare e che *business plan* avessimo predisposto per Cittadella Cielo. Io ho cercato di spiegare in modo comprensibile a una persona che si dichiarava agnostica quale fosse in tutto ciò il ruolo della provvidenza, ma lui mi guardava come se avesse dinanzi una marziana. Pian piano cominciò a rendersi conto che effettivamente la provvidenza agiva, e ne restava sempre più stupito. Nel contempo si era abbastanza tranquillizzato, vedendo le tante persone che ci volevano bene e che non ci facevano mancare il loro aiuto.

Il suo cruccio era però focalizzato su come trovare quel milione di euro e fu molto contento quando ricevemmo una telefonata da un responsabile della Croce Rossa Italiana che si dichiarava disponibile a organizzare un'azione di raccolta fondi in nostro favore su mille piazze italiane. L'idea era di vendere, durante le festività natalizie, delle candele a forma di stella con lo slogan: «Accendi una stella per Cittadella Cielo». Purtroppo, a venti giorni dal giorno stabilito, quando ormai avevamo fatto produrre le centinaia di migliaia di candele che ci avevano chiesto da vendere nelle mille piazze italiane, ci hanno fatto sapere che di fatto sarebbero riusciti a coprire soltanto una ventina di piazze rispetto alle mille che ci avevano assicurato. Poco è mancato che il nostro amministratore venisse colpito da un infarto per la buca clamorosa che ci avevano dato, nonostante prima di procedere all'acquisto delle candele avessimo chiesto una conferma scritta del loro impegno da parte di questo responsabile della Croce Rossa. In quel momento l'amministratore ha fatto il voto davanti ai ragazzi che, se fossimo riusciti a rientrare almeno delle spese, lui si sarebbe prostrato in cappellina davanti al Santissimo dicendo: «Signore, fino ad ora io non ci ho capito niente, ma ora credo». E in effetti con gli amici di Nuovi Orizzonti siamo riusciti ad allestire trecento piazze, coprendo le spese e qualcosina in più. Ma restava ancora irrisolto il problema di quel milione di euro.

Pochi giorni dopo, nella festa del battesimo di Gesù, noi eravamo tutti al ritiro di spiritualità a festeggiare un importante anniversario della comunità e lui era tornato per il weekend dalla sua famiglia a Pescara. Era domenica e, guardando l'estratto conto sul sito della banca on-line, trovò un bonifico di un milione di euro. Mi telefonò allarmato poiché era convinto che si trattasse dell'errore di qualcuno che aveva inserito qualche zero in più. La mattina dopo siamo riusciti a contattare questo benefattore e abbiamo scoperto che non si era affatto sbagliato, pur non sapendo che a noi serviva proprio un milione di euro. Quando il nostro amministratore è rientrato a Piglio, i ragazzi se lo sono preso in spalla, lo hanno portato in processione in cappellina e da quel giorno ha iniziato anche lui a impegnarsi molto in un percorso spirituale fino a decidere di donare la sua vita al Signore come "piccolo della gioia" sposato, tramite le promesse della comunità.

Continueremo ad andare avanti sempre così, fidandoci della provvidenza. I soldi che ci occorrono per portare avanti gli attuali centri, tutte le iniziative e le cinque Cittadelle in via di realizzazione sono davvero parecchi, ma ogni giorno contempliamo nello stupore i miracoli della provvidenza. All'inizio mi sembrava impossibile credere che grazie alla provvidenza sarebbe stato possibile arrivare a mantenere i primi venticinque ragazzi accolti a Trigoria. Il primo preventivo di venti milioni al mese per riuscire a sostenere la prima comunità di Trigoria mi era parso una cifra iperbolica, irraggiungibile. Eppure la Provvidenza è sempre stata fedelissima, non ha mai mancato di sorprenderci. Oggi è per me normale credere che ogni mese la provvidenza ci sosterrà miracolosamente nonostante siano diventati più di centocinquanta i centri di accoglienza – tra centri di accoglienza, formazione al volontariato, centri di ascolto, di spiritualità, di evangelizzazione, famiglie aperte all'accoglienza... –; più di cento i centri di servizi, impegnati in diverse aree: evangelizzazione, prevenzione, sensibilizzazione; comunicazione e mass-media; accoglienza, sostegno, orientamento; economia e lavoro; spettacolo e animazione; spiritualità e preghiera; formazione, promozione della cultura, editoria; cooperazione internazionale e servizi sociali; armonia ed espressioni artistiche; cinque le Cittadelle Cielo in via di realizzazione e tantissimi i progetti e le attività portati avanti dalla comunità.

La crescita della realtà di Nuovi Orizzonti ha fatto intanto sì che un numero sempre crescente di persone chiedesse di potersi impegnare formalmente al suo interno. Abbiamo dunque deciso di partire con l'esperienza delle promesse come «piccoli della gioia» per chi sceglieva la via del celibato per il regno, per poi allargare la possibilità anche ai fidanzati e agli sposati.

In fondo, è proprio una grande sfida del nostro tempo questo desiderio di donazione totale a Dio da parte di persone che non sentono la chiamata al celibato. E se tra i più grandi consacrati (nel senso di persone completamente donate a Dio) che abbiamo avuto nella storia del cristianesimo ci sono stati una coppia di sposi, Maria e Giuseppe, evidentemente questo crea un precedente illustre. Il celibato per il Regno ha enormi vantaggi, potendosi dedicare totalmente all'apostolato con il cuore indiviso. Ma è altrettanto vero che oggi ciò che Satana ha preso più che mai di mira e dove sta cercando di fare *strike* è proprio la famiglia. Nel disegno di Dio questa è la cellula di tutta la società, per cui è come per il cancro: se riesci a far ammalare questa cellula, la metastasi colpisce tutto il corpo. Santificare la famiglia è una via per neutralizzare il cancro spirituale della società d'oggi.

Da questa consapevolezza sono nate le "famiglie Nazareth", ed è bello vedere la radicalità con cui vivono la loro avventura amando nel medesimo modo sia i figli naturali sia quelli che prendono in affidamento o che seguono spiritualmente. Ma il modello di Nazareth è anche l'icona della vita trinitaria per chiunque di noi. Perciò anche chi sceglie la via del celibato si impegna a domandarsi, nelle varie situazioni di ogni giorno: che cosa farebbe Maria se fosse in questa situazione? che cosa farebbe Giuseppe?

Sin dal primo viaggio a Medjugorje avevo compreso con chiarezza che saremmo dovuti essere una comunità sul modello dei primi cristiani, formata da vari stati di vita. Le vocazioni specifiche mi sono però divenute chiare soltanto con il passar del tempo e la loro concretizzazione è stata graduale.

Come concreta possibilità di condividere l'esperienza di Nuovi Orizzonti, pur appartenendo ad altre comunità, gruppi e associazioni, ci sono anche i Cavalieri della luce. Chiunque ne può far parte. L'unico requisito è l'impegno a vivere con radicalità il Vangelo, testimoniare la gioia di Cristo Risorto e portare nel mondo la rivoluzione del suo Amore.

Questa idea è nata nel Santo Sepolcro di Gerusalemme, il 14 aprile del 2006, venerdì santo. Era un periodo in cui ero estremamente affaticata. C'era stato un ricovero a causa dell'ennesimo crollo fisico che questa volta sembrava irreversibile, con dolori sempre più atroci. Per un mese ho praticamente dormito quasi ininterrottamente: mi svegliavano per mangiare, poi mi riaddormentavo e il massimo sforzo che riuscivo a fare era il tragitto poltrona-letto, ma il più delle volte appena provavo ad alzarmi mi sentivo svenire.

Il vescovo Boccaccio decise che era indispensabile un periodo di stacco e, non appena riuscii a mettermi in piedi, mi suggerì di recarmi per dieci giorni in Terra Santa con l'obiettivo di chiedere al Signore un po' di luce e di fare discernimento anche con il cardinale Carlo Maria Martini per cercare di capire per quanto tempo era bene che staccassi completamente con tutti gli impegni della comunità. Ci andai con una grande pace nel cuore, desiderando unicamente fare la volontà di Dio. Pensavo: "Io sono solo un suo strumento. Se serve di più che faccia il kamikaze, continuerò a farlo; se invece serve che stia immobile su un letto a offrire le mie sofferenze per la salvezza delle anime, ben venga: Padre non la mia, ma la tua volontà!".

Sul finire della permanenza, di sera riuscii a restare nel Santo Sepolcro per trascorrere l'intera notte in preghiera e lì ebbi l'ispirazione dei Cavalieri della luce: persone di tutte le età, paesi, vocazioni unite dall'impegno di vivere la Parola di Dio alla lettera, testimoniare la gioia di Cristo Risorto per rinnovare il mondo con la rivoluzione del Vangelo. Condivisi subito questa idea con il cardinal Martini e lui fu il primo a volersi impegnare come Cavaliere della luce. In quella notte di venerdì santo trascorsa nel Santo Sepolcro ebbi anche una straordinaria grazia per la salute, tanto che al rientro in comunità i ragazzi quasi non mi riconoscevano. Avevo un'energia tale che nessuno riusciva a starmi dietro. E chi c'era si ricorda bene il primo appassionato appello che feci ai ragazzi presenti alla Messa di Pasqua, celebrata da don Salvatore. Tutti hanno risposto con grande entusiasmo e hanno subito deciso di "arruolarsi" come Cavalieri della luce. Anche al ritiro di Pentecoste, dove ero ancora "ubriaca" di gioia per le grazie ricevute in Terra Santa, tutti i presenti hanno voluto impegnarsi come Cavalieri della luce.

Da lì abbiamo iniziato a proporre l'"arruolamento" come Cavalieri della luce in molti incontri e la risposta è sempre entusiasmante. È proprio bello vedere che, se da una parte l'"esercito" delle tenebre è ben organizzato e i suoi generali e soldati si danno molto da fare, dall'altra anche il Signore le inventa tutte per rafforzare e tener desto il proprio "esercito". Sono più di duecentocinquantamila le persone che dalla Pasqua del 2006 si sono impegnate a fare parte dei Cavalieri della luce esprimendo pubblicamente il loro sì, ma ce ne sono moltissimi altri che si impegnano attraverso il passaparola o tramite internet, per cui è difficile mantenere il conto.

Quando ascolto il telegiornale mi verrebbe da scoraggiarmi perché sembra sempre un bollettino di guerra. Poi ripenso a questo popolo, raggiunto dall'amore di Dio e rinnovato dallo Spirito Santo, e non soltanto sento riaccendersi in me la speranza, ma comprendo che davvero il Signore ha già vinto il mondo (come afferma il Vangelo di Giovanni 16, 33). Per quanto i tempi siano drammatici, c'è la pace del sapere che, nelle cose di Dio, è sempre stato così. Il Signore sceglie i piccoli e i deboli per confondere i forti: dà conforto sapere che esistono tanti piccoli Davide nel mondo, con cui Dio sta costituendo il suo esercito per combattere il potente Golia. È una battaglia cruenta e impegnativa perché «il diavolo come leone ruggente va in giro, cercando chi divorare» (*1 Pietro* 5, 8). Ma noi sappiamo già che la guerra sarà vinta, che il Cuore Immacolato di Maria alla fine trionferà.

Nel percorso di Nuovi Orizzonti la conferma della Chiesa è sempre stata essenziale. Perciò avevamo accolto con grande gioia la decisione del cardinale Camillo Ruini di riconoscerci nel 1997 come associazione privata di fedeli di diritto diocesano. Per me era già pienamente sufficiente l'approvazione del vicario del Papa a Roma.

Nel 2007 sono stata chiamata a offrire una testimonianza insieme con altri fondatori e responsabili di aggregazioni ecclesiali e, alla fine della giornata, il cardinale Stanislaw Rilko, presidente del Pontificio consiglio per i laici, mi domandò se avessi avanzato la domanda per l'approvazione pontificia. La mia risposta fu negativa: «Siamo così giovani...». E lui invece: «No, Chiara, è importante che tu faccia questa richiesta perché questo è un carisma per tutta la Chiesa». Mi colpì la solennità della sua affermazione e la determinazione con cui ribadì più volte l'opportunità che fossero presentati dei nuovi Statuti per il riconoscimento pontificio. Ancora una volta per obbedienza mi sono messa a lavorare alla stesura di nuovi Statuti che si conformassero all'evoluzione che Nuovi Orizzonti ha avuto in questi anni, impresa più difficile rispetto al 1997 perché la famiglia continua a ingrandirsi e la realtà della comunità diventa sempre più complessa.

Il 19 novembre 2010 una nuova splendida sorpresa: ci raggiunge in comunità la lettera di comunicazione da parte del Pontificio consiglio per i laici dell'approvazione pontificia dei nuovi Statuti. La lettera è datata 17 novembre. Il 17 novembre i nostri ragazzi si erano affacciati sul viale della Cittadella Orizzonti di Pace, per ammirare un arcobaleno, mai visto prima, che partiva da Medjugorje e arrivava nel cuore della Cittadella e ci avevano chiamato pieni di entusiasmo per condividere con noi la loro gioia. Il 19 novembre arriva al responsabile della Cittadella Cielo di Frosinone una e-mail con scritto: «*Oggi, venerdì 19 novembre, alle ore 13, tutti gli impiegati dell'ufficio tecnico si sono affacciati per vedere questo fenomeno meraviglioso, mai visto prima. L'iride multicolore è entrata proprio dentro le stanze del fabbricato di Cittadella Cielo e le ha illuminate di un luccichio madreperlaceo. Per me, che sono un materialista, è "semplicemente" un bellissimo arcobaleno... ma sono sicuro che invece tu, che hai il cuore più aperto di me al bello del Creato, in queste immagini saprai leggere ben altri e più elevati significati simbolici*».

Strane coincidenze? Forse! Ma per tutti noi di Nuovi Orizzonti, per cui l'arcobaleno ha un grande significato, ancora una volta sono delle belle sorprese del cielo!

L'approvazione è arrivata in tempi rapidissimi, considerando la tradizionale cautela della Chiesa. L'8 dicembre 2010 è stato emanato il decreto del Pontificio consiglio per i laici con cui Nuovi Orizzonti è divenuta Associazione privata internazionale di fedeli. Un regalo assolutamente inaspettato, un nuovo importante sigillo di garanzia apposto dalla Chiesa sulla comunità, che ci ha fatto sentire ancora più forte la responsabilità dinanzi alla fretta che c'è in Cielo per far sì che la gioia di Cristo

Risorto, elemento caratterizzante della vocazione della comunità Nuovi Orizzonti, venga portata a tanti fratelli che sono ancora nella disperazione. Non si tratta ovviamente di un traguardo, quanto di un punto di nuova partenza per cercare di essere sempre fedeli alla vocazione ricevuta. Ed è per tutti noi la sollecitazione affinché ci incamminiamo davvero verso la santità, per fare della nostra vita un ringraziamento perenne all'amore di Dio.

Nelle mie intense giornate, cerco con tutto il mio cuore di discernere e vivere la volontà di Dio. C'è una Parola che mi ha particolarmente colpito perché ci dà una certezza rispetto alla volontà di Dio: «State sempre lieti, pregate incessantemente, in ogni cosa rendete grazie. Questa è infatti la volontà di Dio in Cristo Gesù verso di voi» (*1 Tessalonicesi* 5, 16-18). È bello sapere che è volontà di Dio che siamo sempre nella gioia. Se questa è la sua volontà significa innanzitutto che è possibile per tutti e che questa è la nostra vocazione come cristiani. Tutto deve partire allora dall'impegno di vivere immersi nella preghiera incessante del cuore, nell'intimità con il Signore, rimanendo nel suo amore, con il cuore sempre ricolmo di gratitudine.

Quello che posso affermare con certezza è che, anche se ho scelto una strada molto impegnativa, il cuore è sempre ricolmo di sorpresa e di gioia, anche quando "sanguina". Davvero non mi annoio mai! Seguire Gesù è quanto di più meraviglioso possa capitare nella vita e dare compimento al suo progetto su di noi è attuare qualcosa che supera il più fantastico dei sogni che possiamo aver fatto sulla nostra vita. È semplicemente meraviglioso poter contemplare ogni giorno nello stupore gli Orizzonti sempre nuovi che il Suo Amore ci dischiude!

Epilogo

Qualche tempo prima di dare avvio alla comunità di accoglienza a Trigoria avevo fatto un altro dei miei strani sogni. Mi trovavo a camminare in un campo di battaglia dove tutti erano morti, anzi qualche cadavere era addirittura in putrefazione, mentre nel cielo volteggiavano già gli avvoltoi. Successivamente, durante una meditazione, avevo aperto a caso la Bibbia e mi ero ritrovata a leggere il brano di *Ezechiele* 37, 1-10: «La mano del Signore fu sopra di me e il Signore mi portò fuori in spirito e mi depose nella pianura che era piena di ossa; mi fece passare tutt'intorno accanto ad esse. Vidi che erano in grandissima quantità sulla distesa della valle e tutte inaridite. Mi disse: "Figlio dell'uomo, potranno queste ossa rivivere?". Io risposi: "Signore Dio, tu lo sai". Egli mi replicò: "Profetizza su queste ossa e annunzia loro: Ossa inaridite, udite la parola del Signore. Dice il Signore Dio a queste ossa: Ecco, io faccio entrare in voi lo spirito e rivivrete. Metterò su di voi i nervi e farò crescere su di voi la carne, su di voi stenderò la pelle e infonderò in voi lo spirito e rivivrete: Saprete che io sono il Signore". Io profetizzai come mi era stato ordinato; mentre io profetizzavo, sentii un rumore e vidi un movimento fra le ossa, che si accostavano l'uno all'altro, ciascuno al suo corrispondente. Guardai ed ecco sopra di esse i nervi, la carne cresceva e la pelle le ricopriva, ma non c'era spirito in loro. Egli aggiunse: "Profetizza allo spirito, profetizza figlio dell'uomo e annunzia allo spirito: Dice il Signore Dio: Spirito, vieni dai quattro venti e soffia su questi morti, perché rivivano". Io profetizzai come mi aveva comandato e lo spirito entrò in essi e ritornarono in vita e si alzarono in piedi; erano un esercito grande, sterminato».

È stata una lettura particolarmente significativa, poiché in quel periodo avevo tutti i giorni proprio la sensazione di trovarmi a contatto con dei morti, almeno nell'anima se non ancora nel corpo. E la domanda «potranno queste ossa rivivere?» mi interpellava drammaticamente in prima persona.

Dopo questo ventennio di esperienza, mi è più chiaro che mai quanto il Signore abbia offerto una parola profetica, insegnandomi che la chiamata a scendere negli inferi non voleva dire semplicemente accogliere la sofferenza e il grido di tanti disperati per provare a offrire una risposta, bensì credere che la risurrezione sarebbe stata possibile anche per loro.

E oggi posso davvero testimoniare che in Nuovi Orizzonti ho visto, e rivedo nuovamente ogni giorno, un esercito di morti che gioiosamente rinasce alla vita grazie allo Spirito Santo.

Tra inferi e cielo

Carissimo amico/a che hai voluto seguirmi in questo «viaggio tra inferi e cielo», ti ringrazio per avere dedicato del tempo prezioso per leggere queste pagine.

Forse ti sarai chiesto/a perché ho desiderato condividere con te, se neanche ti conosco, parte della mia storia, vicende così intime, personali, che fino a oggi non ho raccontato neanche ai miei fratelli, a cui sono legatissima.

Se proprio devo essere sincera, rileggendo queste pagine, me lo sono chiesta anche io.

Perché dovrei sottopormi al rischio di espormi all'inevitabile scetticismo di chi non ha avuto il dono della fede, raccontando alcuni particolari del tutto inediti della mia storia?

So bene che in non pochi capitoli il mio racconto potrebbe sembrarti al confine tra la realtà e la fantasia, tra la storia e il romanzo. Eppure tutto quanto ho condiviso con te l'ho vissuto realmente!

Il motivo più vero, che mi ha spinto a espormi così, è che quando fai una scoperta meravigliosa vorresti condividerla con più persone possibili. Quando sperimenti una Gioia, che non è di questo mondo e che resiste alle prove più terribili della vita, vorresti poterla testimoniare anche a chi si sente prostrato dalle troppe sferzate ricevute, imprigionato nella tristezza, nello scoraggiamento, molto spesso nella disperazione.

Quando ti sei inabissato nelle gelide profondità degli inferi, hai sentito nella tua anima le ferite taglienti di quelle terribili tenebre e poi sei stato raggiunto da un amore indicibile che ha colorato di cielo non solo i tuoi inferi ma quelli di molti, vorresti testimoniare, cantare, gridare a tutti questo Amore! Vorresti che tanti che non hanno ancora avuto la grazia di conoscere Colui che è l'Amore potessero decidere di mettersi in viaggio per cercare con speranza e onestà ciò che di più vero e profondo il nostro cuore desidera.

Non ho condiviso con te alcune mie convinzioni o teorie, ho voluto consegnarti alcune mie esperienze. Ciò che mi ha portato a questa decisione è il profondo desiderio di condividere una scoperta che ha cambiato la mia vita: Dio c'è e se ci abbandoniamo a Lui il suo infinito amore può travolgerci, "stravolgerci" e rendere la nostra vita una meravigliosa avventura divina. Spero che questa mia semplice condivisione possa suscitare in te una sana curiosità, unita a un profondo desiderio: e se fosse proprio tutto vero ciò che Chiara mi ha voluto raccontare? Se fosse vero che proprio nel vangelo vissuto ci sono le risposte a quei bisogni di pienezza di pace, di libertà, di verità, di amore che da sempre mi accompagnano? Se fosse vero che il Signore della Creazione si è fatto uomo e ci ha amato fino al punto di dare la sua vita per dischiuderci nuovi orizzonti di cielo, di vita, di eternità? Se fosse vero che ragazzi che vivevano di droga, alcol, carcere, prostituzione, violenza, devianza... ora percorrono le stesse strade, dove prima seminavano e raccoglievano "morte", testimoniando con coraggio ed entusiasmo la nuova gioia che ricolma il loro cuore grazie all'incontro con Cristo Risorto?

Se questa mia condivisione potesse dare anche solo un piccolo contributo per suscitare in te, al di là del tuo credo e delle tue convinzioni (che naturalmente rispetto profondamente), il desiderio di provare a vivere con tutto il tuo cuore il vangelo, sarei davvero molto contenta!

Inoltre dopo anni vissuti tra inferi e cielo, sento il desiderio di consegnare a più persone possibili le troppe grida inascoltate che hanno dilaniato il mio cuore, le troppe lacrime di sangue ancora non raccolte da nessuno, del popolo della notte. Un popolo sterminato che continua a diventare sempre più numeroso. Un popolo di mendicanti di amore che spesso si schiantano contro l'indifferenza dei più, le menzogne di un mondo che si è prostrato in adorazione del "dio-denaro-potere-successo-piacere", calpestando i sogni di troppi; un popolo di giovani che hanno cercato la felicità nei paradisi artificiali di questo mondo che, dopo avere sedotto con le sue chimere la loro anima, l'ha imprigionata fino a ucciderla; un popolo di bambini costretti a percorrere freddi marciapiedi svendendo la loro innocenza a viandanti senza scrupoli; un popolo di persone meravigliose in cerca di verità, sfregiate nell'intimo dell'anima dalla troppa indifferenza, arroganza, violenza.

Questo popolo in questi anni è diventato il mio popolo, la mia nuova famiglia; ho sentito nel profondo del mio cuore il loro grido, le loro lacrime, le loro ferite, la loro disperazione e ogni volta che con loro mi sono ritrovata in un tunnel infernale che sembrava senza uscita ho scoperto che a volte basta poco! Basta poco per riaccendere la speranza là dove la disperazione ha preso il sopravvento. A volte basta solo un po' di amore! Sì, ho visto un popolo sterminato di disperati, imprigionati in incubi tremendi di morte, tornare a vivere la vita in pienezza, diventare testimoni di speranza e di gioia grazie all'Amore!!!

Ma ce ne sono tanti, troppi, che ancora "gridano" inascoltati nei deserti delle nostre città, senza più sogni, senza più speranza, che hanno bisogno di una mano tesa, di un cuore in ascolto, di un abbraccio disinteressato.

Credo fermamente che ciò che rende bello ogni uomo è la sua capacità di amare: *l'amore è più forte, l'amore resta, l'amore è ciò che più conta nella nostra vita, l'amore vince*! Se in una stanza buia fai entrare anche un piccolo raggio di luce, le tenebre scompaiono. Così è per l'Amore. Se dove il male sembra regnare fai entrare il raggio purissimo dell'amore vero, le tenebre del male si diradano fino a scomparire del tutto.

Allora vorrei consegnare al tuo cuore le tante grida che ho ascoltato in questi anni e le troppe lacrime che non sono arrivata a raccogliere. Le consegno a te con una semplice convinzione: a volte basta poco! Sì, basta poco per portare un piccolo contributo perché questo mondo e il nostro piccolo mondo interiore possa essere un po' migliore e risplendere di nuovi colori. Basta poco perché chi ha visto tutti i suoi sogni più nascosti infrangersi, uno dopo l'altro, possa tornare a sognare, possa decidere di aprirsi all'amore per fare la meravigliosa esperienza che il cielo può squarciare le tenebre degli inferi, anche quelli più terribili e impenetrabili... *Basta un po' di amore! Basta che ci decidiamo davvero ad amare, a scardinare le catene del nostro egoismo per imparare la potente rivoluzione dell'amore che Cristo è venuto a insegnarci.*

Considerami pure una sognatrice, un'idealista, un'illusa... però sappi che nel mio piccolo ho visto i miei sogni realizzarsi, i miei ideali, le mie "illusioni" diventare realtà per migliaia e migliaia di persone.

Basta poco perché la Gioia possa rifiorire nei deserti dei nostri cuori e delle nostre città. Basta poco perché un meraviglioso arcobaleno di luce possa colorare di cielo gli inferi di molti cuori. Basta un po' di amore, basta che ci decidiamo a liberarci della nostra indifferenza per iniziare davvero ad amare sempre e a ogni costo. Questa mia semplice convinzione è confermata dall'esperienza di tutta la mia vita.

Sì, sono profondamente convinta che niente è impossibile all'Amore, o meglio a Colui che è l'Amore. L'amore fa miracoli perché Dio è Amore!

Ti auguro allora con tutto il mio cuore di potere vivere sempre immerso/a nello stupore della contemplazione dei meravigliosi miracoli dell'Amore!!!

NUOVI ORIZZONTI

LA MISSION

La Comunità Nuovi Orizzonti si pone l'obiettivo di intervenire in tutti gli ambiti del disagio sociale, realizzando azioni di solidarietà a sostegno di chi vive situazioni di grave difficoltà. Per questo, svolge la sua attività avendo presenti tutte le realtà di emarginazione sociale, con particolare attenzione al mondo giovanile, proponendo specifici interventi innovativi e un proprio programma di ricostruzione integrale della persona che unisce elementi psicologici, spirituali e umani. Inoltre propone i valori della solidarietà, della condivisione, della spiritualità, della cooperazione come elementi essenziali per una piena realizzazione dell'uomo.

Nuovi Orizzonti è una Comunità Internazionale fondata da Chiara Amirante e diffusa in molti paesi, impegnata nel disagio sociale. È stata riconosciuta dalla Santa Sede come Associazione Internazionale Privata di Fedeli. In Italia si configura giuridicamente anche come Associazione di Volontariato ONLUS.

OPERE E PROGETTI

A. CENTRI DI ACCOGLIENZA, FORMAZIONE, ORIENTAMENTO = **174**

35 Centri residenziali di accoglienza o reinserimento (per persone in situazione di grave disagio).

46 Centri di formazione al volontariato internazionale.

25 Centri di ascolto e telefoni in aiuto, grazie ai quali sono sostenute annualmente più di 100.000 persone.

68 Famiglie aperte all'accoglienza.

B. EQUIPE DI SERVIZIO = **152**

- **Prevenzione e Sensibilizzazione:** sono circa **due milioni** le persone che si raggiungono annualmente nei luoghi di aggregazione giovanile: scuole, strade, piazze, spiagge, attraverso spettacoli, animazione, convegni, tavole rotonde, meeting. Quattro o cinque volte l'anno si organizzano le missioni di strada e tantissime altre micro-missioni. Numerosi *Centri di formazione alla nuova evangelizzazione* sono operativi in Italia e all'estero.
- **Comunicazione e Mass-Media:** è sempre più frequente e intensa la collaborazione con i mezzi di comunicazione di massa: *format televisivi* interamente scritti e realizzati da Nuovi Orizzonti, partecipazioni a trasmissioni televisive e radiofoniche nazionali e locali (più di 1.200 le trasmissioni televisive realizzate, di cui 402 tra Rai e Mediaset, e circa 1.400 alla radio). Un centro audio-visivo coordina le diverse attività di produzione, service e nel campo dei new-media (il sito **nuovorizzonti.org**, il social network e piattaforma multi-blog **cavalieridellaluce.net** con 33 blog, il sito **cittadellacielo.com**, il sito **orizzontidiluce.com**). **La pagina pub-**

blica di Chiara Amirante in facebook con l'iniziativa "Parole di Luce" ha raggiunto più di un milione di contatti a settimana. Altre pagine pubbliche sono in continua espansione sia in facebook sia in twitter.

- **Spettacolo e animazione:** numerosissimi eventi di animazione nelle scuole, nelle piazze, concerti di prevenzione e sensibilizzazione, creazione di una folta rete di artisti, musicisti, collaboratori impegnati a promuovere l'evangelizzazione attraverso talenti artistici. Si organizzano work shop di formazione al teatro, animazione, dizione, canto e musica. Continua è la produzione di cd musicali grazie a uno **Studio di registrazione** attivo nel cuore di Roma.
- **Formazione, Promozione della Cultura, Editoria:** incontri, convegni, pacchetti formativi rivolti soprattutto ai giovani che si preparano al volontariato, agli operatori sociali, agli adolescenti e agli adulti. È già stato pubblicato un numero considerevole di libri. È stata fondata la casa editrice dell'Associazione, **Orizzonti di Luce**, che vuole essere un'interlocutrice attiva nel lanciare messaggi positivi al mondo di oggi. È stata inoltre realizzata la rivista **«Orizzonti News».**
- **Servizi sociali e Cooperazione internazionale:** sviluppo della cultura della solidarietà; attività di segretariato sociale; promozione del volontariato nei luoghi di maggior marginalità sociale (carceri, luoghi di povertà e degrado, ospedali). Realizzazione di progetti in Italia e nei paesi in via di sviluppo.
- **Economia e Lavoro:** promozione e valorizzazione della dimensione formativa del lavoro; pianificazione di attività lavorative che liberino creatività personali; gestione di centri di reinserimento lavorativo e cooperative sociali.

- **Espressioni artistiche:** espressione e valorizzazione dell'arte attraverso creazioni artistiche quali pitture, icone, sculture, artigianato, design.
- **Spiritualità e preghiera:** sono oltre **600** attualmente i Cenacoli di preghiera che sostengono le iniziative dell'Associazione e numerosi i gruppi di formazione alla spiritualità.

C. CITTADELLE CIELO = 5

Sono **5** le Cittadelle di accoglienza e formazione in via di realizzazione nel mondo:
2 in Brasile, **1** in Bosnia-Erzegovina e **2** in Italia.

La comunità Nuovi Orizzonti può contare sulla **collaborazione di più di 30.000 persone** e su **migliaia di simpatizzanti in Italia e all'estero**. I **"Cavalieri della Luce"**, che prendono l'impegno di testimoniare la Gioia di Cristo Risorto e di portare la rivoluzione del vangelo nel mondo, **sono più** di **250.000**.

LA NOSTRA STORIA

L'avventura di Nuovi Orizzonti inizia nel '91 quando Chiara Amirante decide di recarsi di notte alla stazione Termini per incontrare tanti giovani in situazioni di grave disagio che hanno fatto della strada la loro "casa".

«Quando ho iniziato a percorrere i "deserti" della nostra splendida Roma e a entrare in punta di piedi nelle dolorosissime storie del "popolo della notte"» afferma Chiara «non immaginavo davvero di incontrare un popolo così sterminato di disperati, di persone sole, di

emarginati, di mendicanti di amore, sfregiati nell'anima, sfigurati dall'indifferenza, dall'abbandono, dalla violenza. Quante splendide persone deturpate dal male, quanti giovani assetati di luce ridotti, dalle seduzioni del mondo e dalle terribili sferzate della vita, a creature dallo sguardo di ghiaccio e dal cuore di pietra. Quanti ragazzi nel pieno della loro giovinezza attanagliati da una nausea sottile, da un vuoto esistenziale agghiacciante, da un'angoscia mortale! Quanti fratelli disperati con le lacrime agli occhi mi hanno abbracciato chiedendomi: "Ti prego, Chiara, portami via da questo inferno!"... e che dolore nel non riuscire a trovare un posto dove portarli.»
È venuta così l'idea di una comunità di accoglienza dove proporre un cammino di guarigione del cuore e di rigenerazione psico-spirituale.

Nel marzo del '94 Chiara apre a Trigoria (Roma) la prima comunità di accoglienza Nuovi Orizzonti, dove centinaia di giovani, provenienti da esperienze estreme, iniziano a ricostruire se stessi attraverso il programma terapeutico riabilitativo da lei ideato.
La risposta dei ragazzi accolti è fin dal primo momento davvero sorprendente ed entusiasmante.
Nel maggio del '97 si apre a Piglio (FR) una casa di formazione e di accoglienza che diverrà la sede centrale di Nuovi Orizzonti. Dal 1998 in Italia si moltiplicano le comunità di accoglienza, i centri di formazione e di reinserimento, i progetti sociali e le iniziative di promozione umana, mentre dal 2000 iniziano le attività all'estero, in Brasile e poi in Bosnia.

POTETE SOSTENERE I NOSTRI PROGETTI TRAMITE UN VERSAMENTO

- **sul ns c/c bancario intestato a:**
ASS. NUOVI ORIZZONTI
UNICREDIT - Filiale di Piglio
Iban IT 87 R 02008 74520 000400404638 Swift UNCRITMM

- **sul ns c/c bancario intestato a:**
ASS. NUOVI ORIZZONTI ONLUS
UNICREDIT - Filiale di Piglio
Iban IT 39 S 02008 74520 000400406641 - Swift UNCRITMM
(offerte deducibili dal reddito)

- **sul ns c/c Postale n° 59604009 intestato a:**
ASS. NUOVI ORIZZONTI ONLUS
(offerte deducibili dal reddito)

NOTA: Le offerte deducibili sono ammesse in deduzione dal reddito imponibile delle persone fisiche e giuridiche, con il limite del 10% del reddito stesso fino ad un massimo di 70.000 euro annui.

DESTINA IL **5 X MILLE** DELL'IRPEF
ALLA NOSTRA ASSOCIAZIONE.
RIPORTA NELLA DICHIARAZIONE DEI REDDITI
IL CODICE FISCALE:
96218850582

CONTATTI

www.nuoviorizzonti.org
www.cavalieridellaluce.net

Segreteria Centro di Piglio (FR):
0775-502353 - piglio@nuoviorizzonti.org

SOLO L'AMORE

Nel mio viaggio nel mondo della strada ho raccolto migliaia di lacrime che conservo ancora preziosamente nel mio cuore; ho ascoltato le grida silenziose del popolo della notte; sono entrata in punta di piedi nei deserti di anime assetate di amore; ho visto un numero incredibile di mani tese alla ricerca disperata di aiuto e... tanta, troppa indifferenza!

Ho visto ragazze in tenera età segnate da cicatrici e bruciature di sigarette, costrette sotto gli occhi di tutti alla più infame delle schiavitù. Ho ascoltato il pianto di giovani bellissimi ridotti a "morti viventi" nell'illusione di un paradiso artificiale che ha rubato loro l'anima; ho abbracciato meravigliosi bambini abbandonati nelle strade, che elemosinavano solo un po' di tenerezza...

Ho sentito il grido di questo popolo sterminato di piccoli e di poveri trafiggere il mio cuore e mi sono chiesta: «Che fare?».

Ho poi sentito un altro grido: un grido d'Amore!!

Il grido di un Dio crocifisso che ha preso su di sé la morte per donarci la Vita, l'angoscia per donarci la Pace, ogni nostro dolore per ricolmarlo del suo infinito Amore... Il grido dell'Uomo-Dio che ancora oggi percorre i deserti del mondo ripetendoci: «Amatevi come io vi ho amato!».

E in quel grido ho trovato la risposta.

Sì, solo l'Amore può scardinare i muri dell'indifferenza che imprigionano l'anima in una solitudine mortale.

Solo l'Amore può distruggere l'angoscia di cuori impietriti dall'odio e dalla violenza.

Solo l'Amore può ridare speranza a chi, colpito dalle terribili sferzate della vita, giace prostrato nella disperazione.

Solo l'Amore può far germogliare la Gioia di vivere nei deserti dell'umanità.

È stupendo scoprire gli orizzonti sempre nuovi che l'Amore dischiude e questa avventura la vogliamo vivere insieme a tutti coloro che sentono una profonda "sete di Cielo". L'orizzonte è il punto di unione tra la terra e il cielo e le Comunità Nuovi Orizzonti sono nate proprio perché tutti coloro che si sentono disperati possano, grazie all'Amore, riscoprire la gioia e vivere un pezzetto di Cielo già su questa terra.

Abbiamo bisogno anche di te per portare al mondo la Rivoluzione dell'Amore!

Per restare in contatto con

Chiara Amirante

www.chiaraamirante.it
www.facebook.com/C.Amirante

Indice